■BARKERBOOKS

LA PÍLDORA MÁGICA

Derechos Reservados. © 2023, MOISÉS NAVA FALCÓN

Edición: | BARKER BOOKS®
Diseño de Portada: Jorge Fernández | BARKER BOOKS®
Diseño de Interiores: Jorge Fernández | BARKER BOOKS®
Ilustración de portada e interior: freepik | BARKER BOOKS®

Primera edición. Publicado por BARKER BOOKS®

I.S.B.N. Paperback | 979-8-89204-356-4
I.S.B.N. Hardcover | 979-8-89204-357-1
I.S.B.N. eBook | 979-8-89204-355-7

Derechos de Autor - Número de control Library of Congress: 1-13195208635

BARKER BOOKS® es una marca registrada propiedad de Barker Publishing,
LLC.

Barker Publishing, LLC
500 Broadway 218, Santa Monica, CA 90401
https://barkerbooks.com
publishing@barkerbooks.com

La Píldora Mágica

MOISÉS NAVA

BARKERBOOKS

PRÓLOGO

S e te prometió el mundo qué tú quisieras, se te dijo que todo era posible y, al mismo tiempo, se te dijo que no podías tener todo lo que querías y que la vida que "te tocó" es así. Se te crearon fantasías como Santa Claus y las princesas de Disney, se te vendió un mundo perfecto y, por igual, se te dijo que el mundo es difícil y hay que luchar para tener lo que uno quiere.

Se te enseñó que los errores son malos, incluso en la escuela los marcan con rojo, y el propósito del examen es no tener errores o tener los menos posibles. Por otro lado, has escuchado que la gente más exitosa tuvo muchísimos fracasos y que dejó la escuela o no estudio, inclusive.

Se te vende un plan de vida, de ir a la escuela, sacar buenas calificaciones, portarte bien, obedecer a tus mayores y a las figuras de autoridad, así como ir a una buena universidad, obtener un buen empleo, con buen salario y prestaciones. Te tienes que casar y empezar una familia, tu primera y mejor inversión, comprar tu casa.

A lo mejor no es el plan exactamente como te lo vendieron a ti en tu casa y escuela, pero todos son muy similares y están dentro de ciertos parámetros. Nos han convencido de que para tener una buena vida hay que buscar una cierta comodidad y seguridad siguiendo un menú de opciones predeterminadas de las que no te puedes salir.

Se te enseñó a ganar, a acertar, a no errar y no perder pero la vida no es un juego que se gane, sino un juego infinito. No se gana en la vida, se juega para jugar el mayor tiempo posible con los mejores resultados posibles. Las empresas, las relaciones interpersonales, los negocios, las inversiones, los gobiernos, tu comunidad, tu familia; ninguno de estos se puede jugar para ganar porque no tienen fin. Y, al final de la vida. todos perdemos la batalla.

La mentalidad de ganar viéndola desde afuera suena incluso ridícula: un presidente que habla de cómo en su presidencia él ejecutó e hizo todo lo que prometió, ganó en su presidencia, pero detuvo programas anteriores, no creó programas a futuro, no se ve un presidente que diga: "Los proyectos de mi antecesor y de su antecesor se terminaron en mi presidencia". No trabajan para el país o para el futuro de este sino para ellos mismos, tienen mentalidad de ganar.

Un alumno que saca las mejores calificaciones en su carrera, no ganó la educación porque no se gana, se posee para después utilizarse. Tener un promedio perfecto solo te da un aplauso y un diploma capaz y oportunidades, pero si no pruebas lo que puedes hacer no vale de nada. La educación es constante y no se acaba porque no dejas de aprender, el pensar que terminas la escuela y se termina es una mentalidad de ganar algo que no se gana.

Un vendedor que le genera millones en ventas a su empresa, pero ¿en qué periodo? ¿Y bajo qué parámetros? El mejor vendedor del año o del mes ganó mucho dinero, pero si no sigue vendiendo en grandes cantidades no podrá mantener ni su título ni su ingreso; no se gana en ventas. Una empresa que dice ser la mejor del mercado, mejor que su competencia, pero ¿en qué parámetros? Y ¿bajo qué circunstancias? ¿En qué tiempo? Otro ejemplo, una madre, ¿podrá ganar la maternidad? O ¿es una condición de por vida?

La libertad financiera, el cuerpo que quieres, las buenas relaciones con amigos, pareja y familia, no se ganan, se alimentan. Cuando ganas una discusión, ¿qué ganas?; en ocasiones pierdes más al ganar, pues lastimas y minimizas a la otra persona.

La sociedad nos ha convencido de vivir la vida con una mentalidad de juego finito, es decir, pensando qué se puede ganar, mientras que la vida es un juego infinito, nunca se gana. Los cuentos de hadas y las telenovelas terminan en un "y vivieron felices por siempre" que no existe en la realidad.

No es raro que estés confundida acerca del camino que te gustaría seguir, de la vida que te gustaría tener, de tus logros, de tus proyectos y pasiones. ¿Cómo destacar? ¿En qué? ¿Cómo impactar? ¿Cómo llegar a donde quieres llegar? ¿Cómo saber a dónde quieres llegar? ¿Cómo llegar a tener lo que quieres tener? Pero, ¿qué quieres tener?

Preguntas muy válidas e importantes, pero generalmente vacías, pues no están claras; podríamos empezar por preguntas más básicas como ¿quién soy de verdad?, ¿cómo quiero vivir?, ¿qué vida quiero tener?, ¿qué tipo de persona quiero ser?

Si eres de las que no encuentran el camino, de las que escuchan constantemente sobre encontrar tus pasiones, tu "por qué", la razón por la que estás en este mundo, el sentido de tu vida, tu misión de vida, tu propósito y demás formas para describir ese camino que todos deberíamos de tener para saber cómo vivir; no estás sola.

La gran mayoría de la gente no sabe cómo vivir, lo que quiere hacer, lo que la apasiona, lo que la llena y dará sentido a sus vidas. Es más, la gran mayoría de la gente nunca lo encuentra, y se conforma con vivir como cree que le tocó y lo confirma al compararse con cómo viven todos a su alrededor.

Este es un mundo en donde a los niños se les convenció, por un lado, que podían lograr todo lo que querían pero, por otro lado, se les pusieron límites. "Sí, Juanita, si quieres ser astronauta, lo puedes lograr. Solo tienes que estudiar mucho, entrenar mucho, sacar buenas calificaciones y tener varios títulos académicos", dijeron.

Por otro lado, "No, Juanita no puedes tener todo lo que quieres. Te acabo de comprar una bicicleta y quieres un videojuego. Te acabo de comprar un chocolate y también quieres la paleta. No puedes tomar la clase de gimnasia y la de básquetbol, escoge una", enunciaron también.

Tampoco es tu culpa, aunque a veces así lo sientas. ¿Alguna vez tuviste sueños enormes, alguna vez quisiste llegar a la Luna?. Bueno, no sé tú, pero yo sí quería ser astronauta... ¿Y te digo un secreto? Todavía quiero.

Esos sueños, por locos, enormes o inalcanzables que parezcan, hablan de quién eres y qué es aquello que te mueve, quizá como yo que solamente podré ir al espacio como pasajero, si es que se me presenta la oportunidad en algún momento de mi vida. Pero encontré, al soñar con ser astronauta, que me gustaba la exploración, las actividades técnicas con protocolos complejos, la aventura, el alto riesgo pero controlado o manejado porque soy muy miedoso, lo cual me ha llevado a una vida llena de aventuras y logros de ese tipo. No abandones esos sueños.

Escribí este libro para ti, que sientes esa confusión; que sientes que tus padres y figuras de autoridad al pertenecer a otra generación no entienden lo que sientes o lo que quieres. A ti que no te llena ningún trabajo porque no sientes que tengas realmente un impacto en nada. A ti que, por un lado, sabes que el tiempo es finito pero, por otro lado, sientes que eres joven, cuentas con todas las oportunidades y no puedes decidir. Lo escribí para ti sin importar tu edad.

En esta época moderna lo que más sobra son opciones, tienes todas las opciones que tú quieras, de todos colores, de todas las marcas, de todos los tamaños... ¿De qué hablo? De lo que quieras: educación, pantalones, champú, donas, trabajos, viajes, muebles, teléfonos, computadoras, carreras, deportes, relaciones y, aparentemente, hasta géneros.

El problema de tener tantas opciones es que se vuelve mucho más difícil tomar una decisión, y la expectativa de la decisión tomada es perfecta, por lo cual, o nunca quedas satisfecha con la decisión tomada, o nunca la tomas.

Mucha gente se queja de no tener, de no lograr. Se fijan en lo que no tienen, lo que les hace falta, en vez de ver con lo que sí cuentan para poder tener eso que tanto quieren. Muy poca gente empieza de cero, y siendo que es lo más difícil conocemos casos de gente que empezó de cero para lograr todo lo que se propuso.

La queja abunda en nuestra sociedad hoy en día; que si el gobierno, que si la pandemia, que si el ambiente económico, que si mis padres, mis maestros, el dólar, el euro, el yuan, la falta de oportunidad, la competencia, el ambiente laboral, los salarios, la sobreespecialización, mis recursos, la desaceleración económica, los conflictos políticos y sociales, el hambre, mi pobreza, mi ignorancia, y demás.

Mírate al espejo y pregúntate sobre algo que realmente siempre has querido y las razones por las cuales no lo has logrado. Si tu respuesta habla de terceros, o habla de situaciones fuera de tu control, ¡te estás quejando!

No, no vengo a decir que de aquello de lo que te quejas no sea cierto, ni tampoco te quiero convencer que es fácil superar situaciones fuera de tu control. Lo que vengo a decir es que siempre hay formas, opciones, oportunidades y caminos diferentes al que estás tomando y, mientras te sigas quejando, no lo vas a poder ver.

En palabras de Wayne Dryer, "si cambias la forma en cómo ves las cosas, las cosas que ves cambian. Donde unas personas ven queja, otras encuentran oportunidad. La diferencia es la perspectiva en la forma de ver las cosas.

La queja es la manera en cómo buscas culpa por las cosas que quieres y no tienes una situación fuera de tu control o a un tercero. Este puede ser algo intangible también o histórico como el lugar donde naciste y te criaste, tus oportunidades, el dinero, tu educación, la relación con tus padres, el nivel socioeconómico, la ignorancia, algún evento caótico o traumatizante, y hasta eventos imaginarios.

La queja la ves necesaria para no sentirte culpable de no hacer lo que tienes que hacer y obtener todo aquello que quieres. A veces, por simplemente no buscar las opciones a tu alcance, pues es más cómodo.

La queja se ha vuelto una verdadera enfermedad pandémica, y hemos llegado como sociedad a aceptar muchas cosas que no aceptábamos antes; por la búsqueda incansable del placer y la sobreindulgencia, hoy vivimos en un mundo donde abunda el placer, pero esa búsqueda incansable del placer produce lo contrario: dolor.

La queja viene de ese dolor, la adicción a las distracciones viene de ese dolor, el no poder tener la vida que te gustaría tener viene de ese dolor, el no lograr, el no querer lograr viene de ese dolor. Pero sabiendo utilizar el dolor puedes llegar a donde desees.

En este libro voy a hablar de la adicción actual a las pastillas mágicas para sentir placer o, simplemente, para no sentir dolor.

Empezaré por la noción de que todo crecimiento produce incomodidad y trabajo (dolor), de modo que nace la adicción por la búsqueda de las pastillas mágicas para bajar de peso, tener éxito, ser más inteligente, conseguir más dinero, ser más rápido o lento, para dormir y luego despertar.

"En la búsqueda incansable del placer también se busca que ese placer venga de la manera más fácil. Pero al buscar esa facilidad en obtener las cosas se pierde el placer de obtenerlas". Léelo de nuevo.

Es una paradoja el conseguir fácilmente las cosas, no te da el placer de haberlas conseguido y no las valoras, entonces... ¿Buscar tener? Como sea que le hagas para tenerlo. ¿O buscas ser eso en lo que te conviertes cuando haces el trabajo para conseguir tus metas?

Al poder obtener una pastilla mágica que cura tu dolor o que produce placer, la gran mayoría de la gente no sabe ni lo que quiere. Solamente se quiere sentir bien, y justificar lo que no hace y lo que no logra para no sentir dolor.

Creen saberlo, porque lo ven todos los días en redes sociales, en las películas, en las revistas. Por un lado, ves a las celebridades presumiendo eventos, coches, ropa, joyas, mansiones. Y, por el otro, notas a gente común publicando solo la forma en cómo quieren que los veas, solo publican cuando se ven bien en traje de baño después de una dieta intensa de seis meses, solo publican cuando se compran ropa nueva, y hasta publican como si tuvieran un super auto deportivo que rentaron o se los prestaron; incluso, capaz y solo estaba estacionado.

Solo viajan una vez al año, pero publican esas fotos todo el tiempo haciéndote creer que lo hacen constantemente. Lo que ves en los medios no es real, pero te hace pensar que tú quieres "tener" lo que ves que otros tienen, incluso te hace pensar que no eres lo suficientemente rica, buena persona, guapa, inteligente, divertida, que no viajas lo suficiente, etc.

La gente en general piensa que sabe, pero si realmente les preguntas que quieren lograr, no saben. Haz la prueba, pregunta a tus personas cercanas qué quieren lograr en la vida y sus respuestas serán muy similares, van a ser genéricas y, sobre todo, ambiguas.

Por ejemplo, mucha gente tiene la meta de perder peso, y pasa la vida en ciclos, entre dietas y no dietas. Mi hermana siempre estaba a dieta, salvo cuando no estaba. Cuando no lo hacía, ya sabía qué día la iba a empezar de nuevo, pasando por ciclos de "me siento gorda" a "tengo hambre."

Buscaba todos los remedios caseros mágicos, los tés, el agua con limón en ayunas, sobrehidratarse, también buscando los suplementos mágicos, las pastillas quemagrasa, las pomadas, las vendas, los licuados, y hasta los menjurjes con sabor horrible pero que le iban a dar el cuerpo que ella quería. Mi querida hermana no está sola en esta búsqueda de un cuerpo estético, de verte de cierta manera al espejo y sentirte cómoda con cómo te ves y te sientes.

Lo curioso es que entre más te acercas a lo que querías cuando empezaste, más estricta te vuelves y nunca estás realmente cómoda y segura con tu cuerpo. Cuando te das un descanso, te alejas tan rápido de lo que querías que se vuelve frustrante el proceso. "¿Por qué no puedo ser una gordita feliz?", te preguntas.

El camino para llegar a eso, no es a través de dietas, ni de pastillas, ni de menjurjes. No se trata de ciclos de vida a dieta. Se trata de estilo de vida. El tener un cuerpo estético, atlético o simplemente saludable depende de tu estilo de vida. Es un juego infinito, no se gana, no hay fecha límite.

Supongamos que me pongo a dieta y hago ejercicio estricto por un año y llego a todas mis metas. ¿Qué pasa en doce meses y un día después de tomarme y publicar diez mil *selfies* en el espejo? ¿Sigo a dieta? ¿Regreso a mis viejos hábitos? Lo ideal sería llegar a un estilo de vida que mantenga a largo plazo todo aquello que logré.

Y a lo mejor lo primero que piensas cuando hablo de estilo de vida es en todas esas cosas en tu vida que no te dejarían tener un estilo de vida para tener el cuerpo o la imagen que quieres... ¡Pero no te adelantes! Dame chance de terminar y luego te quejas.

La mayor parte de la gente no llega a sus metas porque no sabe cuáles son esas metas. Si le preguntas a cualquier persona en la calle si quiere ser millonario, todos te dirán que sí, de la misma manera que si les ofreces dinero, todos lo van a aceptar (a menos que piensen que los estás engañando para estafarlos), porque todos entendemos que el dinero trae posibilidades, de gasto, de gustos, de libertad, de tiempo...

Pero ¡ojo!, tener dinero hoy no garantiza que vas a tener dinero mañana. Hay muchos casos de personas que han ganado la lotería, heredan fortunas o sueldos enormes, y solo lo malgastan y terminan peor que cuando empezaron. Desde banqueros, emprendedores de Silicon Valley, presidentes, celebridades, deportistas profesionales y gente común.

Las razones por las cuales se pierden grandes fortunas siempre tiene que ver con malas decisiones, y nadie en su sana mente toma una mala decisión a propósito. Le pregunté a una serie de personas en la calle si quieren ser millonarios, todos dijeron que sí, pero cuando les pregunté cómo llegarían a serlo, inmediatamente vi caras de pregunta. Recibí muchas respuestas similares, las resumo a continuación.

Algunas personas sinceras dijeron: ¡Uy, no sé! Otros por ahí, con un poco de picardía y risas, opinaron: "¡Ganándome la lotería!". Pero ninguno de los entrevistados compra boletos de lotería consistentemente. Pero una de las respuestas, que de hecho es la que más llamó mi atención, y no me la dio solo una persona es: "¡Si supiera cómo hacer para llegar a ser millonario, ya lo estaría haciendo!". Y me lo comentaron con un poco de frustración en su tono de voz, como diciendo: "¡Duh! ¿Qué no es obvio?".

La cosa es que para poder llegar, no a ser millonario, sino simplemente a tener libertad financiera, no necesitas una pastilla (fórmula) mágica, no necesitas inversiones milagrosas, no necesitas ganarte la lotería, encontrar el trabajo o el negocio ideal por suerte, ni heredar grandes fortunas. Tampoco te va a descubrir un cazador de talentos. Lo que necesitas es un estilo de vida específico, que si bien no te hará millonario de la noche a la mañana, será el camino para llegar a esa libertad financiera.

Creo que ya estás entendiendo un poco más qué es aquello a lo que me refiero con estilo de vida. En el dinero tampoco se gana el juego, porque no termina. Las personas que me contestaron que de saber cómo ser millonarios ya lo estarían haciendo, se sorprendieron mucho más cuando les pregunté si querían estar mamadísimos o buenísimas (buenísimos o mamadísimas, da igual) y todos tenían idea de cómo, tú también.

¿Y por qué no lo estás haciendo? Verás, el ser millonario, el tener el cuerpo super atlético, la relación perfecta, la visa que quieres vivir, todo es posible, pero es necesario aceptar cierto dolor.

Regresemos al ejemplo de mi hermana que siempre estaba a dieta. Ella, en su mente, para llegar a su peso ideal tenía que estar sacrificando y restringiendo comer lo que le gustaba o se le antojaba. Esto genera estrés, es difícil y hace que necesites descanso de la dieta y que, obviamente, tengas un rebote de peso.

Se trata de un trabajo constante, es muy cansado y encima estás utilizando toda tu fuerza de voluntad la mayor parte del tiempo, evitando salidas con amigos o siendo sumamente miserable con tu zanahoria y tu pepino, mientras los demás se comen una hamburguesa que se ve y huele a que está buenísima.

La gente que busca una meta de peso o de estética corporal está limitada en su perspectiva por querer una meta primero a corto plazo y, luego, por pensar que una vez llegando, no vas a necesitar nada más. Solo para darte cuenta que si bien te veías genial en ese bikini, o con ese cuerpo super *fit* y pudiste subir millones de fotos a redes sociales con el cuerpazo al que llegaste. En cuanto termina el verano, ya te diste cuenta que estás engordando de nuevo, que estás abusando de las comidas y que vas a necesitar otra dieta para ponerte ese vestido en la boda de tu amiga, o que ya te aprieta el pantalón.

¡Ojo! No solo las mujeres pasan por esto, los hombres tratan de perder peso de igual manera o de estar mamados, y viven los mismos ciclos. Tengo muchos amigos que cuando hablo de entrenar y de hacer deporte constantemente me dicen cosas como "Sí, yo ya me tengo que poner las pilas para recuperar el cuerpo que tenía"; sin embargo, después de años no veo que lo hagan, como si el puro hecho de decirlo los justifique por algo que a mí no me causa emoción alguna, ni positiva ni negativa. Pero en su justificación verbal (queja) argumentan en su mente las razones por las cuales según ellos ya no son atléticos.

Lo mismo aplica con las personas que ahorran con una meta específica: las vacaciones, comprar el auto, la fiesta, la casa, el reloj. Sin importar qué es aquello para lo que estás ahorrando, si solo tienes una meta de tiempo específico, cuando llegue el tiempo de esa meta volverás a empezar de nuevo desde el mismo lugar por donde empezaste. Y hablo de dinero y de dieta porque creo que son los ejemplos más comunes.

A lo largo de este libro me voy a referir a los ejemplos con el pronombre femenino; creo que no es necesario decir que si eres hombre masculino pecho peludo y lomo plateado, le puedes poner pronombres masculinos en tu mente. Lo mismo aplica para cualquier otro pronombre de tu preferencia, solo quiero facilitar la lectura y tu experiencia.

Este libro no pretende ni enseñarte cómo ser millonario, ni tampoco enseñarte a tener cuadritos en el abdomen, pero si entiendes los conceptos que te quiero exponer capítulo tras capítulo, explicados de la manera más sencilla que pude, vas a ver el mundo de manera diferente y, al hacerlo, encontrarás el camino a aquello que siempre has querido y todavía no es evidente para ti. Espero que te encuentres tú en la respuesta a dos preguntas básicas: **¿cómo quiero vivir?**, **¿en quién me quiero convertir?**

Hay un mundo en donde el camino a ser millonario es evidente y muy posible. También el camino a tener un cuerpo atlético y estético del que te puedas sentir orgullosa. Igualmente, hay un mundo en donde el camino a tener más libertad de tiempo y hacer aquello que te apasiona no solo es posible sino evidente. Por eso lo titulé la pastilla mágica.

Pero más importante que todo lo material, hay un mundo en donde sentirte bien con quién eres, donde darle a tu vida significado y trascendencia no solo es posible sino evidente y, aunque no hay una pastilla mágica para conseguirlo, mi propósito en este libro es que te pongas unos lentes que te dejen ver la manera.

La pastilla mágica está en poder ver el destino. Puedes tener tecnología GPS, mapas impresos, incluso un guía a tu disposición, pero si no sabes a dónde vas, nunca vas a llegar. Encontrar el camino más fácil hará que el trayecto sea más placentero, pero sigues sin saber a dónde vas.

Como humanos siempre estamos buscando el camino más fácil, aunque el camino fácil en ocasiones es el camino más difícil a largo plazo. Es una paradoja heredada tanto en nuestra genética como en nuestras costumbres y estilos de vida.

La pastilla mágica, para cualquier cosa que quieres lograr será tanto la causante de tus logros o la causante de que siempre estés buscando "tener". Escribo esta palabra entre comillas porque es muy importante hacer hincapié en que el buscar tener, nunca te va a traer tener. Siempre te mantendrá "queriendo" y de esto trata el primer capítulo: "el querer" es una adicción y la causa de todos tus males.

Pero para poder entender porque siempre estás queriendo algo primero tenemos que entender de dónde viene esa necesidad, y para poder entenderte, necesitamos ver primero cómo estás armado y programado, después qué pasa en tu mente cuando "quieres", cuando "tienes" y cuando "eres".

INTRODUCCIÓN CONCIENCIA DE SER

Como adulto, eres responsable por tu vida día a día. Sin embargo, dejas mucho en manos del entorno, de las costumbres, de tus hábitos y de lo que crees que debe ser la vida. En el mundo actual se ha creado una falta de conciencia generalizada. Conciencia en el estricto sentido de la palabra es estar despierto; falta de conciencia sería cuando estás inconsciente o dormido.

La mayor parte de la gente vive dormida al volante, vas avanzando en tu vida pero sin tener una conciencia real del camino que sigue la misma, y es por eso que no vives la vida que desearías tener. Pero al mismo tiempo no estás haciendo nada para tenerla o quizá lo que estás haciendo no te va a llevar a ella, pero no te has dado cuenta. Como en el caso de mi hermana y sus ciclos de dieta que nunca la iban a llevar a una vida saludable, a un cuerpo que ella deseaba, pero más importante. sostenible sin rebotes. Un estilo de vida que le otorgara lo que ella más deseaba sin tantas restricciones.

Esta conciencia de la que hablo es similar a tener un manual de tu persona, un instructivo de todo lo que eres capaz pero también de todos tus defectos y cómo trabajar con ellos. Un manual de cómo funcionas.

Lo primero que deberías entender es que eres más que lo que percibes en el espejo y más de lo que perciben tus cinco sentidos, aunque esta es la ventana al mundo, sabes que tu mente es capaz de mucho más. Por ejemplo, todo lo que ves y utilizas que fue creado por la humanidad empezó con una idea, un pensamiento, y después un loquito o varios que decidieron hacer esa idea realidad.

Vivimos en tiempos muy interesantes y nos deberíamos considerar muy afortunados de estar aquí y ahora, porque la humanidad está en una época de desarrollo exponencial, de crecimiento tecnológico que no hubo antes. Piénsalo, desde el bulbo eléctrico hasta la carrera de los multimillonarios por viajar al espacio y hasta otros planetas no ha pasado mucho tiempo, y parecieran tecnologías completamente diferentes y aisladas. Sin embargo, del aprendizaje y desarrollo de la electricidad han seguido surgiendo inventos y tecnologías que vienen de la mente de una o varias personas.

Desde "la rueda" que revolucionó el mundo en su época y el aprendizaje del manejo del fuego, más reciente el modelo T de Ford que revolucionó la industria y el mundo, hoy el Tesla de Musk, el teléfono de Graham Bell que revolucionó las comunicaciones y de nuevo el iPhone de Jobs; pero alguien lo tuvo que pensar, era algo que no existía. Algo que resolvió una necesidad o un problema. Algo que creó nuevas necesidades y problemas.

La mayor parte de la gente ve otras personas y solo ve lo que está afuera; ves la cara, el cuerpo y te formas juicios de quién es una persona simplemente por cómo se ve, utilizas lo que conoces de otras personas desde tu propia experiencia y hasta de estereotipos. Hasta que no tienes conversaciones con la persona o aprendes de lo que ha hecho o dicho, no conoces más de la persona que su fisonomía, el exterior, la carcasa.

Las personas somos lo que tenemos en la mente. Tu mente es la computadora, la torre de control, el centro de mando de donde surge todo, desde comportamientos, acciones, ideas, deseos, emociones; pero más importante es de donde surge la vida que tienes y que llevas.

El cerebro es el órgano desde donde salen las principales funciones de tu mente, pero la mente va más allá del cerebro, no son la misma cosa, y quiero hacer hincapié en esto desde ahora para que cuando hable de uno no se confunda con el otro.

Entonces, si queremos tener un entendimiento mayor de cómo funcionas, tenemos que empezar por la mente y para poder entender cómo funciona tu mente, tienes que entender cómo está configurada primero.

"No hay nada bueno o malo, pero el pensarlo lo hace así".
WILLIAM SHAKESPEARE

Te presento a Ötzi

Alrededor de 3200 A.C., un hombre de ojos café y cabello quebrado quedó tirado en un valle rodeado de rocas en lo que hoy se conoce como los Alpes Italianos, muy cerca de la frontera con Austria, a una altura sobre el nivel del mar de más de tres mil metros.

El hombre se había caído cara abajo, con su brazo izquierdo cruzado bajo su cuello. Tenía una altura de 1.57 m, una edad aproximada de cuarenta y cinco años de edad, más de sesenta tatuajes en la piel y una separación pronunciada entre sus dientes frontales. Tenía una costilla rota, vestía un abrigo de cuero cosido de pieles de varias ovejas y cabras, y acababa de comer carne seca de cabra y de ciervo con un poco de trigo una hora antes de su muerte.

Al parecer tuvo dolores de estómago cuando murió, también cuidaba su mano derecha que estaba gravemente herida, cortada casi hasta el hueso entre el pulgar y el dedo índice.

Era el final de la primavera o el principio del verano, pero a esta altitud o clima puede ser impredecible, traía consigo un hacha de cobre, lo cual demostraba su estatus social, y otras herramientas incluyendo una especie de botiquín.

Murió, y poco después una tormenta atacó la zona sellando su cuerpo en hielo. Cinco mil trescientos años después, el 19 de septiembre de 1991, el famoso montañista Reinhold Messner y su compañero encontraron lo que parecía ser el cuerpo de un alpinista entre el hielo. Para sorpresa de todos, era un cuerpo momificado naturalmente y preservado casi a la perfección.

La zona donde lo encontraron se conoce como los Alpes Ötzales y así lo bautizaron, con el apodo de Ötzi. Ahora es una de las momias más antiguas; gracias al hielo que lo cubrió, la posición en la quebrada fuera de los movimientos del glaciar y el hecho de que los dos alpinistas tomaran un atajo ese día, el descubrimiento fue monumental en el mundo de la ciencia, dándonos muchísimo conocimiento de la era del cobre, de la vida y la muerte en esa época.

Los científicos han estado estudiando a Ötzi desde que lo encontraron, pues una de las grandes preguntas por resolver es la causa de su muerte. Mientras encontraron que tenía una herida en la cabeza antes de que la tormenta llegara, no estaba claro si esta fue la causa de su muerte. Porque, además de la herida, encontraron que tenía un parásito en el estómago.

Un estudio en sus uñas encontró que tenía una enfermedad llamada de Lyme, la cual hoy se puede curar con antibióticos, pero en esa época lo más seguro es que fuera mortal. El mismo estudio encontró que su sistema inmunológico había sufrido períodos de mucho estrés en los últimos cuatro meses, también tenía niveles peligrosos de arsénico en la sangre, lo que indicaba que trabajaba en las minas o metalurgia, y como si esto no fuera suficiente, también encontraron fracturas pasadas en sus huesos.

Al final, los científicos encontraron que no fue la mala salud de Ötzti lo que lo había acabado sino otros humanos. En 2001, encontraron a través de rayos X un objeto escondido bajo la piel de su hombro izquierdo, que sería una punta de flecha hecha de piedra, lo que lo habría hecho desangrarse rápidamente.

Lo anterior explica no solo su muerte, sino que no fue la naturaleza quien le dio fin, más bien otros humanos. Esto explicaría también la herida en la cabeza, y los cambios de altitud y diferencia de climas por los cuales pasó días antes de su muerte, que saben por las diferentes comidas que todavía estaban presentes en su estómago y por el musgo en su ropa.

Se puede concluir entonces que Ötztli estaba siendo perseguido, lo que duró días. Estaba enfermo, y cuando por fin lo encontraron, lo asesinaron. Lo que no sabemos es si cayó por la herida de flecha o sus asaltantes lo empujaron a donde sería su última morada por más de quinientos años, tampoco sabemos por qué lo perseguían y, eventualmente, mataron.

Si analizamos la historia de Ötztli, veremos que su vida estaba rodeada de enfermedad, heridas, fracturas, y una variedad de factores hostiles que es impresionante que viviera hasta los cuarenta y tantos años. Tanto su vida como su muerte, hablan de los inmensos peligros y dificultades que el humano promedio encontraba a lo largo de su vida durante la evolución de nuestra especie.

Lo que es crucial de entender aquí y la razón por la cual te presenté a Ötztli, es que en un medio lleno de peligros, dificultades y una sociedad hostil, que va mucho más allá de la Era del Cobre, es ahí donde nuestros sistemas cerebrales y el inconsciente adaptativo se formó y perfeccionó.

Mientras que Ötzi vivió hace 5300 años aproximadamente, el humano moderno más viejo encontrado es el Hombre de Crogmanon, por el nombre de la cueva en donde se encontró. Este humano ya tenía todos los rasgos anatómicos de un humano moderno, el primer esqueleto de este *Homo sapiens* fue encontrado en 1868 y se considera tiene unos veintiocho mil años de antigüedad.

Los científicos concuerdan que los primeros humanos, nuestros ancestros, aparecieron entre cinco y siete millones de años atrás, cuando probablemente unas criaturas parecidas a los simios en África decidieron caminar en dos pies (o patas, no sé qué término usar).

Estos utilizaban herramientas de piedra muy básicas y duraron haciendo esto hasta hace aproximadamente 2.5 millones de años. Ahí algunos decidieron moverse y se expandieron por Europa y Asia, alrededor de 2 millones de años.

Con un poco menos de certeza, la mayoría de los científicos piensan que los humanos que anatómicamente se veían como nosotros (*Homo sapiens*) evolucionaron hace ciento treinta mil años, y eran los ancestros que se habían quedado en África. Su cerebro ya tenía el mismo tamaño que el tuyo, ellos también emprendieron la marcha y se salieron de África reemplazando así, poco a poco, a los otros humanos no tan modernos como los llamados neandertales en Europa y partes de Asia. También, los *Homo erectus*, como el hombre de Java y el hombre de Pekín.

Del despertar hacia la conciencia

Hasta aquí, la gran mayoría de científicos concuerdan en fechas y eventos, en lo que no están tan seguros es en la pregunta: ¿cuándo, dónde y cómo estos humanos anatómicamente modernos empezaron a manifestar pensamiento creativo y simbólico? En otras palabras, ¿cuándo realmente se empezaron a comportar como humanos?, esto es, ¿cuándo empezó realmente la cultura humana?

La Doctora Sally McBrearty dice que "los primeros Homo Sapiens muy probablemente tenían la capacidad cognitiva para inventar el Sputnik, pero no tenían una historia de inventos o la necesidad de esas cosas". La incertidumbre de los científicos del origen del comportamiento cultural moderno se debe a un hueco entre el punto cuando la especie humana se empezó a ver moderna y cuando se empezó a comportar moderna.

Probablemente, el primer *Homo sapiens* emergió con la capacidad de creatividad moderna, pero permaneció latente hasta que realmente la necesitó para sobrevivir. La mente humana es impresionante y tiene capacidades increíbles que no usa a menos que le ayuden a sobrevivir, a darle placer o a huir del dolor.

Los arqueólogos, durante gran parte del siglo pasado, pensaban que los comportamientos modernos empezaron hace tan solo cuarenta mil años, cuando el *Homo sapiens* llegó a Europa. Basaron su teoría de una "Explosión Creativa" con evidencias como las pinturas encontradas en Lascaux y Chauvet.

Hoy en día, los investigadores modernos tachan esta teoría como anticuada, de tiempos cuando la ciencia estaba basada en un eurocentrismo. Se cree que los arqueólogos simplemente no estaban buscando evidencia de esta creatividad en los lugares correctos. Hay una serie de descubrimientos recientes en África y Asia central que demuestran y soportan una evolución más gradual de los comportamientos modernos, no centrada en Europa.

En exploraciones hechas en una cueva en Sudáfrica, de nombre Blombos, por ejemplo, se encontró evidencia que esos humanos anatómicamente modernos hace setenta y siete mil años en promedio, ya no solo producían herramientas y armas funcionales, sino que a través de pulidos y grabados las hacían sumamente estética. Puntas de lanza hechas con "cariño", innecesario solo para hacerlas bonitas; herramientas y piedras grabadas con símbolos como triángulos entrelazados y líneas horizontales. Esto demuestra que el pensamiento simbólico en humanos modernos empezó mucho antes de lo que se pensaba con anterioridad.

Es importante entender que el pensamiento simbólico es una forma de conciencia que va más allá del individuo, más allá del presente. Es cuando empiezas a contemplar el pasado y el futuro, cuando te ves ya no como individuo sino como parte de algo más grande, como tu comunidad y el mundo. El pensamiento y la comunicación a través de símbolos abstractos es la base fundamental de la creatividad, así como el arte, música, el lenguaje y más recientemente las matemáticas, la ciencia y el lenguaje escrito.

La historia del hombre moderno es muy interesante y poder saber y entender de dónde venimos lo hace mucho más interesante, pero en lo que me quiero enfocar en esta introducción es en entender que el hombre moderno, aquel que comparte contigo la anatomía, ha estado presente por millones de años. Si tenía o no la capacidad cognitiva desde que apareció o no, se lo dejaremos a los científicos; lo que sí sabemos es que tuvo un despertar de conciencia hacia el pensamiento simbólico entre cuarenta y ochenta mil años atrás, y se piensa que no utilizó esa capacidad cognitiva sino hasta que de verdad hubo necesidad.

Tu cerebro fue diseñado hace millones de años, y se empezó a utilizar como se utiliza hoy hace miles de años. Tu mente se empezó a programar hace miles de años para cubrir necesidades y resolver problemas de esa época.

El hombre moderno ha pasado más tiempo cazando y recogiendo comida que como agricultor, no se diga creando ciudades y civilizaciones. Y mucho menos utilizando teléfonos inteligentes y conectados todos con todo el mundo todo el tiempo a través del internet.

En pocas palabras, la mente humana evolucionó resolviendo problemas de desabasto de alimento, problemas sociales entre comunidades pequeñas y no para ver videos de gatos bailando en un dispositivo del tamaño de tu mano (aunque sean adictivos).

La sociedad actual es muy diferente a la manera en cómo el humano promedio está programado; por supuesto que al nacer en estos tiempos estamos acostumbrados a todos los avances tecnológicos, a la conectividad, a la información, a la globalidad y al sobre abasto de alimentos, información, conexión. Mas esto no quiere decir que nuestra mente ya haya evolucionado para vivir en una época así.

De este modo, el hombre de Crogmanon tenía la capacidad cognitiva del humano actual y tardó miles de años en empezar a despertar y utilizar su mente simbólica. Hoy las personas seguimos utilizando esa mente ancestral para tomar muchas decisiones.

La búsqueda de la píldora mágica para resolver problemas, en gran parte, es esa mente buscando placer, el camino más sencillo y de menor resistencia. ¿Te has preguntado por qué siempre estamos buscando el placer?

Hemos transformado al mundo para pasar de ser un lugar de escasez a un lugar de abundancia extrema: drogas, medicinas, comida, compras, juegos, mensajes de texto, mensajes de sexo, azúcar, alimentos diseñados, pornografía, apuestas, redes sociales, etc. Todas causan adicción, son actividades que nos generan estímulos enormes de recompensa.

Esta cita de la Dr. Anna Lembke lo resume perfectamente: "El teléfono inteligente es el equivalente moderno a la jeringa hipodérmica, entregando dopamina digital 24/7 a una generación conectada, si no has encontrado tu droga predilecta, está por llegar a un sitio web cerca de ti".

De la dopamina

Uno de los grandes descubrimientos del siglo pasado fue la dopamina, una sustancia que puede medir el potencial adictivo de cualquier experiencia. Entre más dopamina en los canales de recompensa del cerebro, más adictiva la experiencia.

El otro gran descubrimiento neurocientífico es que el cerebro procesa placer y dolor en el mismo lugar, y no solo se procesan en el mismo lugar, sino que trabajan como lados opuestos de una balanza.

Cuando te acabas de comer un pedazo de un pastel de chocolate delicioso y sientes el antojo de otro pedazo; o cuando estás leyendo un libro buenísimo de esos que no puedes cerrar y apagar la luz (como este libro, obvio) y, al mismo tiempo, deseas acabarlo pero también que nunca termine; o tu serie favorita que no quieres que termine y sigues esperando más y más capítulos nuevos y te decepcionas cuando la cancelan; o el querer un coche nuevo, una casa nueva, ropa nueva, el nuevo iPhone y unos meses después otra vez el nuevo iPhone.

"El momento del querer es el desbalance de placer en tu cerebro cargado hacia el dolor".

Pero regresemos a la historia de Ôtztli. Si analizamos lo que sabemos de sus últimos días de vida, sabremos que corría peligro constantemente, vivía en un ambiente hostil, con bacterias (por la infección que se le encontró en los intestinos) y hongos (la infección que se le encontró en las uñas) provenientes del medio ambiente (la cantidad de huesos rotos y sanados anteriores a su muerte), así como la sociedad (lo asesinaron) y austeridad en la comida (cargaba carne seca y había comido granos y hojas de recolección encontrados en su estómago).

No sé por qué lo venían persiguiendo, pero históricamente en esa época es sabido que uno de cada tres humanos perdía la vida en manos de otro. El mundo era un lugar sumamente hostil. De hecho, es raro que Öztli haya llegado a la edad que tenía cuando fue asesinado.

Si nuestra mente se empezó a programar hace cuarenta mil años en promedio, hace cinco mil años el mundo todavía era sumamente hostil y nuestra sociedad moderna tiene apenas cien años en promedio. Yo creo que menos porque hace cien años todavía no superábamos eventos como las dos guerras mundiales, por ejemplo.

Tu mente fue programada para un mundo hostil, un mundo en donde no sabías lo que ibas a comer o si ibas a poder comer ese día. Un mundo en donde tenías que estar sumamente atento a los peligros de tu alrededor porque si no te dabas cuenta de la existencia de algún peligro, podías perder la vida.

También, un mundo en donde pertenecer a una comunidad por pequeña que fuera significaba seguridad; el ser expulsado significaba una sentencia de muerte segura. A Ötztli se le encontraron más de cuarenta tatuajes en el cuerpo; tradicionalmente las marcas de este tipo representaban clanes o comunas y jerarquías.

Tu mente primitiva hoy vive en un mundo de sobre consumo, en donde es fácil obtener todo lo que quieres, empezando por comida y no cualquier comida de esa diseñada para tener texturas y sabores que no existen en la naturaleza y que generan un inmenso placer al saborearlas, y terminando con tu droga predilecta. Y ojo, cuando me refiero a droga no solo son estupefacientes o químicos que cambian tu conciencia, sino a todo lo que hoy consume de más el ser humano, todo aquello que genera una adicción. ¡Sí! Tu teléfono inteligente es una droga.

A lo largo del libro estaremos analizando esa constante búsqueda del placer y a dónde nos ha llevado, vamos a ver de dónde viene y los porqués de muchos de los comportamientos que tienes hoy en día. Todo esto para tener un mejor entendimiento de cómo funcionas y el camino a seguir para poder modificar tus condiciones y circunstancias futuras, empezando por encontrar qué es lo que quieres de tu vida.

¿Quieres una vida diferente a la que estás viviendo? Si yo busco mejor desempeño en un automóvil, busco un mecánico experto en desempeño de coches o me dedico a aprender para yo poder hacer las modificaciones necesarias.

Si entendemos que tus condiciones y circunstancias (la vida que vives) dependen de tus decisiones diarias, de tus comportamientos, de tus hábitos y acciones en torno a ellos, y comprendemos que todo esto viene de tus pensamientos; entonces podemos llegar a la conclusión de que necesitas un experto en tu mente y, en este caso, no hay nadie que pueda entender tu mente mejor que tú. Aunque todos estamos armados de manera similar, tus experiencias, tu entorno, en pocas palabras, todo lo que has vivido, es único para ti.

Imagina un auto deportivo pero de calle, y mi mayor interés es que el auto sea más rápido en arranque porque lo quiero para competencias de cuarto de mil. Mi enfoque estará en el motor y en el peso, no en el color de los asientos o en el sistema de sonido, tampoco en el tipo de volante. Si el mismo auto lo quiero ahora para su mejor desempeño en autódromo, donde el arranque ya no es tan importante, nuevamente tendré que modificar cosas en el motor, pero ahora importa más la distribución de las cargas, las llantas, los frenos; no el color de los asientos, la forma del volante ni el sistema de sonido.

La mayor parte de la gente busca un cambio en el desempeño de su vida y se fija en el clima, en el pavimento, en los otros pilotos, incluso pilotos en otras competencias se fijan en el sistema de sonido y el color de las vestiduras, pero no se fijan en el motor que de entrada parece más difícil de modificar, pero a la larga hará todo más fácil.

No basta tener una conciencia de ser, hay que tener una conciencia del por qué eres como eres, de por qué crees lo que crees; que en mi ejemplo del auto deportivo sería equivalente a saber de qué depende el desempeño esperado.

Siguiendo la misma analogía, tienes en la cochera un auto capaz de lograr lo que quieras, un Fórmula 1 si quieres desempeño en pista, un Ferrari si quieres desempeño en carretera, un Hummer si quieres todo terreno. Pero sin tener esa conciencia de la razón de tu desempeño manejas tu Ferrari como un Chevrolet Citation 1982 que se está cayendo a pedazos, y luego te preguntas por qué no va más rápido. Aquí lo primero que tenemos que buscar realmente es qué tipo de vehículo quieres, o más a fondo sería para qué quiero ese vehículo, ¿no?

Por cierto, ¿quieres un Ferrari? Si eres como la gran mayoría, tu primera respuesta fue: "Claro que sí lo quiero", pero qué tal si la pregunta la cambiamos un poco y te propongo: sin cambiar nada más en tu vida, te ganas un premio de dinero que es equivalente a un Ferrari GSB nuevo, ¿con ese dinero en mano comprarías el Ferrari? Ahora tienes decisiones más importantes que tomar, ¿verdad? Ya no es tan sencillo cómo decir: "sí quiero un Ferrari".

En el capítulo siguiente vamos a explorar ese sentimiento del "sí quiero" y por qué tenemos en la mente que tener un Ferrari es algo bueno, cuando quizá traiga consigo más problemas que soluciones en la vida de la gran mayoría de las personas, incluso millonarios.

¿Te has preguntado por qué siempre estás en la búsqueda del tener? Incluso cuando ya sacrificaste, sufriste, ahorraste, construiste, una vez que tienes algo, empiezas con la búsqueda de aquello que sigue para reemplazarlo o agregarlo a tu colección.

I EL CONSTANTE "QUERER"

¿Cómo ves el futuro? El futuro es un concepto más que un lugar, pero es un destino al que todos vamos a llegar. Mañana va a llegar y después la semana que entra, el año que viene, y así hasta que no llegue un mañana en el final de nuestras vidas.

Vamos a hablar más del tiempo y de cómo lo percibimos y utilizamos, pero me gustaría que de verdad trates de ver tu futuro, y si tienes ganas de reflexionar más a fondo, toma pluma y papel y escribe cómo ves tu futuro digamos en diez años.

¿El futuro que ves para ti, en qué lo estás basando? Si lo basas en tu pasado, solo estás reflejando tu presente; si lo basas en tu presente, solo vas a seguir la trayectoria que tu presente lleva para encontrarlo.

Lo que quiero que hagas es que lo bases en tu potencial, y tu potencial no se limita por lo que sabes, porque puedes aprender. No se limita en lo que haces porque puedes hacer más o puedes hacer diferente. No se limita en lo que puedes hacer porque siempre puedes mejorar tus habilidades, tu fuerza y hasta tu capacidad cardiovascular o tu inteligencia.

Busca dónde te gustaría estar en diez años como persona, como trabajador, como pareja, como padre, hermano o hijo, como deportista, en tu salud, en que país, haciendo qué actividades, y no te limites por tu presente porque tu potencial es diferente a tus circunstancias y condiciones actuales.

A esto le llamaremos **tu futuro deseado**, pero ojo que la pregunta no habla de lo que quieres tener en diez años, sino quién quieres ser. Si inmediatamente pensaste en el Ferrari y en la casa de tus sueños, cámbialo por pensar en quién te tendrías que convertir para poder ganar el dinero que compra esas cosas.

Lo mismo si pensaste "quiero un cuerpo súper atlético"; piensa en qué tipo de persona logra tener ese tipo de cuerpo. Cómo piensa, cómo actúa. Mismo caso con "quiero a mi príncipe azul", en qué tipo de princesa/príncipe te tienes que convertir para conocer y ligarte a la pareja de tus sueños. No qué tan guapa tienes que ser sino quién tienes que ser, qué le aportas a una relación para tener a la persona de tus sueños a tu lado. Y, sobre todo, quién tienes que ser para mantener la relación.

No basta con que te lo ligues, ahí empieza el juego; mantener la relación viva, feliz, complementaria no depende de un llegar o un ganar, no es un juego con término. ¡Piensa en "ser" antes de "tener"!

¿Por qué siempre estamos en la búsqueda del tener?

En realidad, no estamos en la búsqueda del tener; cuando quieres algo estás en el "Querer". Desde muy jóvenes, siempre queremos lo que vemos; si nuestros padres tienen algo en la mano lo queremos ver y utilizar, si están haciendo algo lo queremos hacer, esto es parte del aprendizaje. Los niños aprenden de la observación y del copiar los comportamientos de sus padres y de otros niños.

Los bebés son sumamente egoístas y egocéntricos. Los preescolares tienden a querer satisfacer sus necesidades y deseos de manera inmediata, no toman en cuenta a los demás. Se niegan a compartir y quieren tener una actitud de posesión sobre las cosas, en especial con aquellas que ya saben como propias. Esto es normal, el egoísmo forma parte del desarrollo evolutivo común. Este tipo de conducta la podemos observar con más fuerza del primero al sexto año de vida de los pequeños.

Esto tiene que ver con el desarrollo del lóbulo prefrontal del cerebro; es la zona encargada de regular las emociones y las conductas sociales. Vamos a hablar más de esta zona del cerebro más adelante.

Entre los tres y ocho meses de edad empiezan a presentar emociones primarias; a los dos y tres años de edad comienzan a reconocer las emociones propias y de los demás, pero solo hasta los cuatro años es donde empiezan a reconocer que los demás pueden tener intenciones, intereses o sentimientos diferentes a los propios. Por eso, parece que son sumamente egocéntricos y el mundo gira alrededor de ellos.

A los seis años de edad, los lóbulos prefrontales ya están lo suficientemente maduros como para que los niños sean capaces de ponerse en el lugar de otro con mayor facilidad; y no solo eso, sino que también son capaces de controlar sus impulsos y necesidades en favor de otros o de respetar reglas sociales, principalmente a través de juegos con otros niños.

Después de los seis años, el desarrollo del cerebro sigue avanzando y vemos cómo los niños (algunos) van refinando sus habilidades sociales; demuestran más empatía con los demás, mayor autorregulación emocional y una mejor capacidad para resolver sus propios problemas.

La manera en cómo los niños aprenden a compartir sus cosas depende mucho del ambiente en el que viven, del ejemplo de los padres, de cómo se comportan los demás niños y del entorno incluyendo casa, escuela, parques.

Y puede ser que los niños compartan sus cosas, pero siempre desde el conocimiento de que esos objetos que comparten son propias y se las van a regresar al finalizar el juego. Los niños tienen miedo de perder sus cosas y, en ocasiones, esto genera en ellos egoísmo, pero de nuevo volvemos al entorno.

También puede ser que un niño en específico comparta sus pertenencias de una manera normal y saludable pero aquí es donde entra el deseo. Los niños, desde chicos, desean poseer cosas, ya sea de sus padres, de sus maestros, en las tiendas de juguetes o de dulces y, principalmente, de otros niños.

No está mal que los niños quieran cosas; creo que el problema como sociedad es que hoy tenemos una oferta excesiva de comidas, juguetes y premios para los pequeños. Ellos desean muchas cosas o todas las que ven, y como padres tratamos de cumplirles todos sus gustos.

La sociedad ha creado infinidad de fechas significativas donde se dan regalos y premios y, por ende, los niños esperan cada vez más, solo por el hecho de recibir el premio. El placer está en recibir el regalo o el premio, y no en poseer el objeto que se le regaló porque, cuando tienen el juguete o el dulce, realmente no lo disfrutan tanto como lo hicieron en la expectativa de obtenerlo.

Al mismo tiempo, vivimos en un entorno donde es muy común el sobre abuso de alimentos que nos dan placer como la azúcar refinada, una sustancia muy interesante porque se comporta en el organismo de modo parecido a la heroína, pero hablaremos de esto más adelante.

La sociedad nos ha acostumbrado a comer algo dulce para cualquier celebración, algún problema o estrés y variados eventos sociales. Esto genera que siempre estemos queriendo algo dulce; es una adicción.

Aquí entra un efecto psicológico muy interesante en donde el hecho de saber que vas a tener es más fuerte que el hecho de tener. Esto no sucede solo con los niños, lo ves con los adultos cuando disfrutan más saber que van a conseguir eso que les da placer, incluso más que cuando ya lo obtuvieron. Este efecto psicológico aplica para una droga, una comida deliciosa o un objeto.

Digamos que tienes antojo de una dona, y llevas horas en la oficina esperando salir para ir por ella y un café camino a casa; sabes que los vas a conseguir y el efecto crece conforme ves que estás más cerca de obtenerlo. Sales de la oficina, entras en la cafetería y cuando le das esa primera mordida a la dona, tu centro del placer está que explota, solo para seguir comiendo y no sentir el mismo nivel de placer que estabas sintiendo antes. La expectativa fue mejor que la experiencia, y empiezas a pensar en comprarte otra dona en la siguiente cafetería por la que pases para volver a sentir ese placer.

Vamos a ver qué es lo que pasa en el cerebro cuando entra el efecto "querer". Para asegurarse de que todo funcione en tu organismo, desde que los pulmones respiren hasta poder resolver problemas complejos de matemáticas, el cerebro usa un sistema de comunicación complejo hecho de células en forma de árbol llamadas neuronas.

Dichas células mandan señales eléctricas a través del cerebro y de todo el sistema nervioso, y así administra todo lo que sucede en tu cuerpo. Estas señales eléctricas son controladas por químicos llamados neurotransmisores, los cuales son secretados por las neuronas y enviados al cerebro y otras neuronas para activarlos o desactivarlos.

Las neuronas absorben estos neurotransmisores a través de receptores. Cada neurotransmisor es como una llave, y solo cabe en su propio receptor, y funciona como un candado. Para mantener el balance, el cerebro tiene la capacidad de cambiar estos candados para que encajen otros neurotransmisores cuando hay mucho o muy poco de alguno en el sistema.

Hay muchos tipos diferentes de neurotransmisores, pero cada neurona está diseñada para producir uno o dos tipos específicos. Por lo general, las neuronas se agrupan basándose en los neurotransmisores que producen y reciben. Por eso, determinadas áreas del cerebro regulan funciones específicas del cuerpo.

Centro de recompensa del cerebro

El cerebro tiene una zona que funciona como el control de mando de la sensación de recompensa; la recompensa como suena es un premio, dicho de manera simple, es placer. Los humanos por herencia genética tenemos dos funciones básicas: buscar placer y alejarnos del dolor. Esto nos ha mantenido vivos desde que apareció el primer humano hasta ahora; es la razón por la cual comes cuando tienes hambre, duermes cuando tienes sueño, te tapas cuando tienes frío, te alejas de lo que quema, pica, muerde y buscas sexo y *confort*.

El sistema de recompensa del cerebro es el encargado de mediar la sensación de placer en el organismo. Este sistema se activa frente a estímulos o acciones que generan placer en la persona. De esta manera, haces o no haces de acuerdo con lo que te acerque o te aleje de la recompensa.

La recompensa es todo aquello que te produce placer, como comerte la dona, comprar ropa nueva, un coche o un celular nuevo, el sexo, el alcohol, las drogas, los *likes* en tus redes sociales, sentirte aceptado y admirado; todo esto y más lo buscas por ese centro de recompensa del cerebro.

El circuito de la recompensa está constituido por tres componentes:

Emocional: corresponde al placer causado por las recompensas o a la no obtención del placer causado por los castigos.

Motivacional: es la razón por la cual buscas la recompensa o evitas el castigo.

Aprendizaje: es la manera en cómo programas tu mente a través de acondicionamiento de experiencias pasadas.

Este circuito de recompensa puede ocasionar conductas automáticas a razón de preservar a la persona y a la especie. Es por eso que, cuando pones la mano por error en el horno que está ardiendo, sin pensar la quitas, o al ver una rata saltas tres metros a la mesa más cercana y no sabes ni cómo llegaste ahí.

Por un lado, es la manera en cómo tu mente te protege de peligros, pero también es la razón por la cual tenemos problemas modernos.

Es por ello que hoy en día tantas personas tienen problemas de salud relacionados con la alimentación, el placer de comer esas texturas, sabores y olores diseñados y producidos en masa por la industria alimenticia, que genera mucho placer, más fuerte y potente que el conocimiento de que la comida procesada engorda y enferma a largo plazo.

¿Qué me dices del tabaco, del alcohol, la pornografía, las apuestas, los juegos de video, Netflix, los dispositivos electrónicos en general y hasta las novelas románticas?

"Es más fácil y parece más placentero vivir dormido en todo aquello que te distrae, que realmente hacer aquello que necesitas para vivir como quieres".

El querer no solo te mantiene buscando qué es lo siguiente que vas a querer sino que también te mantiene no disfrutando aquello que si tienes, por ejemplo: "quiero un coche nuevo". Entonces ahorro, me endeudo, me lo compro y cuando ya lo tuve una semana o un mes, empiezo a ver alrededor mío coches más bonitos, más llamativos, más rápidos, más nuevos e, inmediatamente, ya quiero otro coche y cada que pasa el modelo que me gusta, digo "quiero ese coche".

Aquí también entra un fenómeno cognitivo muy interesante del cual hablaremos más adelante, que tiene que ver con la múltiple cantidad de opciones a nuestra disposición, y la sensación que provoca esa sobreoferta en tus decisiones poscompra.

Le pasa a los niños con juguetes, con dulces y, el mejor ejemplo, con los juegos de video, donde ahora puedes hacer compras dentro de la aplicación tan solo para vestir al personaje del juego de colores diferentes, trajes de guerra más poderosos o, simplemente, más llamativos. Cuando por fin logró el niño convencer a sus padres de comprar un traje virtual para un personaje digital ya quiere otro, y no compraron nada. Se trata de un traje virtual existente solo dentro de un juego de video diseñado para generar algunas ventajas dentro del juego y ganas de seguir comprando.

Hay personas que se van al extremo, como las que compran en línea de manera compulsiva y solo sienten ese placer al hacer la compra, porque ni siquiera se emocionan al recibirla. Es más, hay personas que acumulan compras nuevas empaquetadas todavía con la caja de Amazon, Estafeta, DHL o el servicio de entrega preferido porque el placer está en comprar. La dopamina es generada por el botón de "finalizar compra".

Hay personas que no solo compran y acumulan, sino que no se deshacen de las cosas que ya no usan; lo vemos en historias por todos lados, gente que acumula revistas, libros, juguetes, ropa, etc. Abres el clóset de muchas personas y te encuentras ropa con etiqueta todavía, completamente nueva, pero ya llena de polvo porque nunca la usaron.

Vi una historia de una pareja que acumulaban cosas ya a un nivel enfermizo, y la única razón por la cual las autoridades entraron en la casa es porque hubo un incendio. Al empezar a investigar el origen de lo acontecido y limpiar un poco la casa, se encontraron a la mascota de la pareja sin vida, un gato que no solo era su mascota y lo querían, sino que habían sufrido su desaparición, como si el gato se hubiera escapado y perdido, meses antes. Imagínate cómo estaba de saturada esa casa.

Hay muchos casos extremos de compras compulsivas y acumulación excesiva, incluso los psiquiatras llegaron al término de "trastorno de acumulación" para la gente que sufre de esto en exceso. Aunque, si te pones a pensar un poco, creo que todos tenemos algo de este trastorno, y le hemos encontrado otros nombres para justificar el constante querer.

En la industria de la ropa, le hemos llamado "moda", la cual nos hace comprar ropa cada temporada o para cada evento especial.

En la industria automotriz se le llama "avances tecnológicos" y también estéticos, por eso los modelos de los coches siguen cambiando constantemente y, en ocasiones, más rápido de lo que creemos. Estos avances tecnológicos los sufren las computadoras, los teléfonos inteligentes, las tabletas, los juegos de video, las televisiones, etc.

¿Ya tienes el nuevo IPhone? Debo confesar que he sido fan de esta marca desde que salió el primer modelo y, a lo largo de los años, los he tenido todos, hasta hace un par de años en donde me di cuenta que de verdad no pasa nada si no tienes el nuevo.

Hoy, durante la escritura de estas líneas, tengo un iPhone 11 y en el mercado ya existe el 14; y cada vez que lo veo en otra persona o en una tienda me pica una cosquillita para comprarlo, incluso encuentro las justificaciones perfectas: lo uso para trabajar, tomar mejores videos, las fotos de los hijos saldrán mejor y son memorias, la pantalla es más grande y con mejor nitidez, la batería, el color, el estatus y la manga del muerto. Si ignoro esa cosquillita, se me pasa.

Este fenómeno del constante querer es un reflejo de una época ancestral de la humanidad en donde sí no aprovechabas lo que tenías en el momento y a la vista, era muy probable que no lo volvieras a ver o a comer en días.

Los humanos como los conocemos hoy en día empezaron su camino por la tierra como recolectores y cazadores, en donde lo más importante era el poder comer. Todo giraba a su alrededor dándole gran importancia a las calorías, la grasa y el dulce.

Si no te comías lo que tenías a tu disposición, hoy es probable que no aguantes hasta la próxima vez que puedas comer. Si veías un animal para cazar y comer, lo correteabas hasta que lo obtenías porque no sabías cuando lo ibas a volver a ver o si ibas a tener la capacidad de matarlo para comerlo.

Nuestra sociedad actual ha evolucionado enormemente desde esos tiempos; ahora vivimos en una actualidad en donde tienes la capacidad de ir a la cafetería y comprar esa dona que tanto te gusta y acompañarla con un *cappucchino* preparado justo como te gusta. Y si te lo terminas y sigues con antojo, puedes comprar otro.

Si tienes antojo de cereal y entras al supermercado, tienes una variedad de por lo menos cincuenta marcas, tipos, sabores, formas y texturas. Lo vas a acompañar con leche y tienes por lo menos cincuenta opciones diferentes de leche; sin grasa, con dos por ciento, deslactosada, de chocolate, de soya, de almendra, vegana, leche que no es leche y más.

La sociedad ha evolucionado para que puedas obtener todo lo que deseas y que todo eso que anhelas incluso esté al alcance de la mano. Es como una pastilla mágica; quiero dona tengo dona, he ahí la paradoja. Tienes una sociedad que te puede dar todo, pero tienes un cerebro y, sobre todo, una mente que todavía se acuerda de cuando había escasez constante.

La paradoja del tengo todo a la mano contra mi mente de escasez (cultura de abundancia mente de escasez). *The paradox of choice.*

El constante "querer" hace que no disfrutes lo que tienes, te mantiene deseando y, como resultado, en un estado de escasez o de necesidad que no existe, lo cual tapa lo que sí tienes y, aunque tengas mucho, te sientes en necesidad constante.

No importa tu nivel de ingreso, ni tu trabajo, ni tu familia, ni tu cuenta bancaria, mucho menos tu capacidad de compra o poder adquisitivo. Mientras quieras poseer más de lo que tienes, constantemente vivirás en escasez. Tu *garage* puede estar lleno de vehículos, tu clóset lleno de ropa y zapatos, tus repisas llenas de libros. Sin embargo, vives deseando lo que no tienes.

"La persona que más tiene no es aquella que posee más cosas sino la que necesita menos".

Este fenómeno es tan conocido y común que tenemos un problema de sobreconsumo en todos los niveles. Como yo, sientes la necesidad de cambiar tu iPhone cada que sale el modelo nuevo; tu coche se hace viejo cada que cambian la línea, aunque sean detalles muy pequeños; la moda cambia cada tres meses y tienes que subir una foto o un video a tus redes sociales todos los días, peor no cualquier foto sino una que produzca muchos *likes* o reacciones.

Ese fenómeno del constante querer y el placer de saber que vamos a obtener placer al comer, beber, comprar, jugar, conseguir *likes*, vistas y reacciones, hace que cuando nos sentimos mal, ya sea emocional o físicamente, tratemos de suplir ese dolor con una sensación artificial de placer (la píldora mágica). El dolor puede ser simple cansancio físico o mental de la vida cotidiana.

¿Cómo suplo cualquier dolor de manera fácil? Compro, y genero una adicción para comprar cosas que no necesito; es más, solo me da placer el comprar, ya ni siquiera el tener.

Consumo, busco un refugio en bebidas alcohólicas, en comidas procesadas, en azúcares y harinas. Entre más cargado, mejor. Al terminar un día pesado, estresante, cansado, pienso "¡hoy sí me lo merezco!". ¿Te has dicho esto? El problema empieza cuando te lo mereces todos los días, o ¿será que te convences de que te lo mereces todos los días?

Jugar videojuegos, juegos en línea de apuestas, el meterte a una película o una serie, tiene el mismo efecto que una droga; te vas a otro mundo en donde no tienes que pensar en tus problemas, en tus necesidades o en tus deseos. Sientes los placeres del personaje en la televisión con el que más te identificas.

También, es por eso que sientes una especie de síndrome de abstinencia cuando terminas una serie y no hay más capítulos, entonces buscas series similares solo para volver a sentir eso que la serie anterior te hizo sentir. ¿Suena parecido? Así también las redes sociales, las medicinas antidepresivas o ansiolíticas, pero vamos por pasos.

La constante búsqueda del tener o, cómo ya vimos el constante querer, viene de esa búsqueda del placer superficial. El problema es que las soluciones que encontramos solo nos dan placer temporal y entre más abusamos de ese placer, más difícil es conseguir el mismo nivel de placer con dosis repetidas; como el tragón que no se come una dona sino tres, el alcohólico que necesita media botella para sentirse bien y entre más toma menos llega a esa sensación de placer que tanto busca.

¿Te gustan las papitas? Recuerdo una publicidad de Sabritas que decía "a que no puedes comer solo una"; es una gran frase publicitaria pero hoy que tengo una conciencia de que estas cosas me dan miedo. Las papitas y botanas similares son tan adictivas que es más fácil no comer ninguna que comerte una, pues te comes una y quieres otra y luego otra. ¿O qué tal las palomitas en el cine? Una vez que las pruebas es muy difícil parar.

El ser humano está condicionado a buscar el camino más fácil; esta condición viene de esa mente ancestral de la que hablamos en la introducción y no es único de los humanos. El agua corre por gravedad en el camino de menor resistencia, así también los campos eléctricos, la temperatura, los gases, las plantas y los animales.

El tomar la decisión más fácil también protege tu atención y tu energía; el problema es que la mente es tan poderosa que genera que te engañes por buscar el camino más fácil.

En un estudio, los investigadores enseñaron a los participantes una pantalla con diferentes nubes de puntos moviéndose a diferente velocidad, ya sea a la derecha o a la izquierda de la pantalla. Se le pidió a los participantes que movieran una palanca hacia el lado para el cual se movían los puntos. Todos los participantes resultaron buenos para esta tarea.

Después, los investigadores incorporaron una carga automática en la palanca, lo que hacía más difícil moverla en la dirección en que iban las nubes de puntos. Si se movían a la derecha era más pesada la palanca hacia ese lado y viceversa; esto generó un sesgo (atajo mental) en los participantes, una razón oculta para preferir un lado o el otro. Evitaron la respuesta de mayor esfuerzo moviendo la palanca hacia el lado opuesto de la dirección de los puntos.

La parte interesante de esto es que los participantes no tenían idea de cómo los investigadores estaban manipulando sus decisiones. Ellos estaban convencidos de que los puntos se movían en la dirección de menor resistencia. Este cambio sucedió de manera automática, sin una estrategia deliberada o una conciencia de lo que ocurría. Los investigadores concluyeron que el aumento en el esfuerzo cambió lo que los participantes vieron.

Un ejemplo práctico propuesto por el Dr. Nobuhiro Hagura es este: imagina que estás en el campo frente a manzanos, ¿cómo decides cuales son las mejores manzanas para cortar? La mayor parte de estudios en este tipo de toma de decisión se ha enfocado en cómo el cerebro utiliza la información visual referente al color, tamaño, forma, etc. para tomar una decisión. Pero ¿qué pasa con el esfuerzo necesario para cortar las manzanas? ¿Se ve igual de buena una manzana en la parte más alta del árbol, que las que cuelgan al alcance de la mano?

La respuesta en este estudio es que las manzanas a la altura de la mano se vean más apetecibles. El investigador escribe que "la mente nos engaña al creer que la fruta baja es la más madura". De la misma manera, cuando una opción es más difícil de obtener, estamos predispuestos a pensar qué es la opción equivocada.

A esto se le ha llamado **disonancia cognitiva**, la cual se define como una inconsistencia entre tus creencias y comportamientos. Esta genera una tensión psicológica en aumento, que provoca que la gente cambie uno de los elementos inconsistentes para reducir así la disonancia o agregar elementos consonantes y restablecer el balance. Este es el camino de menor resistencia y lo buscará tu mente siempre.

Este es un ejemplo clásico de las nuevas generaciones: en vez de trabajar duro en una promoción para obtener mejor trabajo, mejor sueldo, éxito en sus negocios, trabajar en sus relaciones; se cansan, buscan pretextos o falsas justificaciones como las manzanas más altas en el árbol y terminan tirando la toalla y buscando un nuevo trabajo, una nueva pareja, una nueva idea de negocio, solo para empezar de nuevo.

En una de las famosas fábulas de Esopo.; un zorro ve unas uvas deliciosas creciendo en una vid a lo alto de un árbol. Cuando se da cuenta que no las puede alcanzar decide que deben estar amargas todavía. Del mismo modo, cuando literalmente la decisión se volvió más difícil en torno a la dirección de los puntos en el experimento del que hablábamos, la gente inconscientemente concluye que se están moviendo en la otra y mucho más fácil tomar esa dirección.

Conseguir una promoción en tu trabajo, empezar un negocio o crecer el negocio que ya tienes, perder peso y generar músculo, escalar una montaña o correr un maratón, trabajar en tus relaciones personales; no es fácil.

"Todo lo que vale la pena es cuesta arriba y empinado".
MN

El tomar el camino de menor resistencia va a venir a tu mente en la forma de una racionalización, una negación o una distracción.

Una pequeña minoría en el estudio de los puntos, tomó la decisión correcta, cambiaron sus acciones (el camino difícil) en vez de tomar el camino de menor resistencia. Se dieron cuenta que al mover la palanca de manera correcta se estaba poniendo más difícil. Resolvieron y decidieron superar el esfuerzo extra para tomar la decisión correcta.

La diferencia entre la pequeña minoría que decidió correctamente y la gran mayoría que tomó el camino de menor resistencia es la conciencia; el darte cuenta cuando algo es más retador o más difícil y decidir no tomar el camino más fácil.

¿Pero cuál es la diferencia entre la gente que inconscientemente busca las cosas más fáciles y la gente que tiene ese despertar de conciencia y decide hacer las cosas bien? La respuesta a esta pregunta es la misma que genera que la gran mayoría de la gente viva como muchas personas: con metas, logros y sueños genéricos en vez de perseguir lo que realmente son como personas únicas.

El constante "querer" está relacionado con esa disonancia cognitiva en donde no deseas poseer sino solo querer. La paradoja aquí es que siempre quiero, pero cuando tengo no lo disfruto porque me llegó de manera fácil, no lo aprovecho, no lo respeto, no lo aprecio y empiezo a querer de nuevo.

En pocas palabras, vivimos en un mundo de abundancia con una mente de escasez. Tomando decisiones fáciles que no producen el efecto esperado de satisfacción y bienestar, viviendo vidas comunes, con emociones negativas hacia esa vida fácil, tapando la ansiedad, la depresión y la falta de motivación con píldoras mágicas porque ese sigue siendo el camino fácil. Pensando que la felicidad es un destino en vez de verlo como un estilo de vida. ¿Qué te hace feliz?

"Piensa en un día en que hayas estado completamente satisfecha al final. No es un día en que estuviste en un sillón sin hacer nada, es un día donde tenías todo que hacer y lo completaste todo".
MARGARET THATCHER

Según psicólogos, investigadores y personas exitosas, la felicidad está estrechamente relacionada con lo que haces todos los días y menos a lo que tienes o los éxitos alcanzados en el pasado. Así como el placer en anticipación de comer la dona es más fuerte que el hecho de comerla, la satisfacción de cumplir tus metas es mayor mientras estás avanzando progresivamente hacia ellas.

Si bien la felicidad, la búsqueda de la felicidad y del éxito es personal y único para cada bien, en el siguiente capítulo vamos a ver qué dicen los expertos respecto a ella y por qué la búsqueda de una "felicidad momentánea" como es la gratificación inmediata, no dura y genera a la larga más dolor que placer.

"La clave del logro está en 'ser' no en 'tener', la vida que vives todos los días es tu estilo de vida, y tu estilo de vida puede y debe traerte todo aquello que esperas de tu vida. La decisión es tuya".
MN

II LA BÚSQUEDA DE LA DONA

Me gustan mucho las donas; son bolas de masa fritas rodeadas de azúcar que generan una explosión de felicidad. El sobreestímulo empieza en tu boca con sabores y sensaciones y termina en el cerebro con una sensación de placer, calma y bienestar.

El dulce y la grasa generan placer, empezando por las papilas gustativas, pero más importante, activan el sistema de recompensa del cerebro. En este placer existen dos neurotransmisores implicados: la dopamina (placer) y la serotonina (modula el estado de ánimo y sensación de bienestar).

La mítica dona, a la cual hago referencia tanto, es el perfecto ejemplo de una píldora mágica. Te genera placer inmediato, felicidad empaquetada, procesada y lista para hacerte feliz; pero como todas las píldoras mágicas su efecto es muy corto, el consumo excesivo es muy malo tanto físicamente como mentalmente.

Provoca adicción, y ese placer que nos otorga no solo al consumirla sino desde saber que la vamos a consumir. genera un comportamiento repetitivo, una búsqueda constante del "querer" sentir lo que nos produce. Pero como toda pastilla mágica de placer, entre más donas comas, menos surte efecto y más donas buscas. El placer inmediato y esa sensación de bienestar que aportan las drogas modernas como la dona, no nos hacen felices o no generan felicidad.

Cuenta la fábula que estaba una mariposa monarca luchando por salir de su capullo con mucha dificultad. Los padres, al ver la adversidad de su pequeña mariposa y ansiosos de verla volar, deciden involucrarse y ayudarla a salir del capullo, cortan y empujan de tal forma que la pequeña mariposa pueda salir rápidamente.

Al romper del capullo, un proceso que normalmente puede tomar hasta una semana, las mariposas fortalecen sus alas, inyectan líquido por las venas de las mismas para desarrugarlas y hacerlas más grandes y así poder volar.

Los padres, al haber intervenido en el proceso, no permitieron que la monarca completara el proceso y nunca pudo volar. Si al nacer un bebé, le dieran la opción a los padres de escribir su historia en términos de la felicidad y la adversidad que el bebé y futuro adulto va a tener a lo largo de sus vidas, ¿crees que sería la mejor opción que ellos optaran por remover toda la adversidad de la vida de su hijo?

Como padre, quiero que mis hijos vivan una buena vida, llena de logros, satisfacciones, dicha y gusto por esa vida. No los quiero ver sufrir nunca, me duele cuando están tristes y les quiero resolver todos sus problemas; pero así como el cuento de la Mariposa, si les quitamos toda la adversidad, seguramente les quitaremos toda la fortaleza que necesitaran para tener esa vida que deseo para ellos.

¿Eres feliz? La felicidad es muy subjetiva porque al final tiene un significado diferente para cada persona; en el diccionario incluso encontraremos definiciones que dicen algo así: "la felicidad es el estado emocional de una persona feliz". Qué decepción que un diccionario utilice la palabra por definir dentro de la definición.

Aunque ese es el mejor significado que he encontrado, déjame explicarte: una persona feliz no necesita atributos, educación, logros, metas, relaciones, posesiones, compras, drogas, juegos, juguetes, *likes*, atención, etc. para ser feliz; simplemente lo es. El secreto radica en el "ser" y si eres feliz seguirás un camino de felicidad, tomarás decisiones y te comportarás en sintonía con ese estado.

Los gobiernos, los psicólogos, y la gente en general busca formas de medir la felicidad, y si buscas los parámetros para encontrar la felicidad encontrarás rubros así:

Bienestar subjetivo

Salud

Uso del tiempo

Educación
Diversidad cultural y resiliencia
Buen gobierno
Vitalidad común
Diversidad ecológica
Calidad de vida

Lo cierto es que la preocupación por encontrar y medir la felicidad no es nueva. Aristóteles, uno de los primeros autores que se refiere a este tema explica que el término no hace referencia a un momento, sino que es el producto de un esfuerzo individual y colectivo.

Para Bentham (1789), la felicidad es la suma de los placeres y dolores de los individuos; en contraste, Seligman (2012) refiere que la felicidad puede analizarse y dividirse en tres elementos que se eligen por sí mismos: emoción positiva, compromiso y sentido.

Los primeros rubros que enlisté los tomé de la manera en cómo Bután, un país asiático de setecientos mil habitantes practicantes del budismo y pionero en la preocupación y medición de la felicidad en su población la mide. Es más, tiene un índice llamado Felicidad Nacional Bruta (FNB) y considera a través de encuestas a su población como felices o aquellos que todavía no alcanzan la felicidad.

Todo el que habla de la felicidad, tiene una definición, o una manera de verla de manera distinta, como estoy seguro que tú también y, más que eso, lo que te hace feliz a ti seguramente no hará feliz a todas las personas. Pero el mayor error de esa búsqueda de la felicidad, cualquiera que sea la definición de la misma para ti, es verla como una meta o un destino.

Pongamos por caso estar esperando conseguir algo para sentirte feliz: una vez que me alcance para ese coche, en cuanto consiga ese trabajo, cuando compre mi casa, cuando por fin me case, cuando tenga dinero, cuando me gane la lotería, cuando sea talla cero, menos cero o cuando tenga el abdomen plano y marcado.

El último ejemplo es mi favorito porque si no eres feliz haciendo deporte y comiendo balanceado, nunca vas a tener el abdomen marcado, y si lo logras será con mucho sacrificio y siendo infeliz, otra vez la paradoja:

"Si logro el cuerpo que quiero sin ser feliz con el estilo de vida que me lleva a ese cuerpo, lo habré logrado con muchísimo sacrificio e infelicidad, ¿de verdad valdrá la pena tener ese cuerpo? Y si no eres feliz con el estilo de vida que te lleva a tener ese cuerpo, el cuerpo no te hará feliz, y más temprano que tarde regresarás al cuerpo que hoy no te hace feliz".

Regresando un poco a lo que vimos en el capítulo de la búsqueda constante del "tener", tenemos en mente que en dicha búsqueda podemos encontrar parte de la mítica búsqueda de la felicidad. Si la dopamina te da la sensación de felicidad inmediata, entonces constantemente estás buscando esa sensación; entre más la sientes, más feliz crees que eres, pero...

¿Será que puedas seguir sintiendo lo que sentiste con la primera dona a lo largo de todo el día para ser feliz todo el día? Para empezar, la primera y más importante respuesta, es: ¡NO! , pues no vas a seguir generando dopamina por sobreconsumo de azúcar; y dos, seguramente el dolor de estómago será más fuerte que la felicidad de las donas.

Eso pasa exactamente de la misma manera cuando estás en la búsqueda de un cuerpo ideal, de una estética específica y tienes esos *rush* de dopamina cuando por redes sociales te dan mil *likes* a una foto semidesnuda o enseñando músculos, cuando te ves al espejo y por fin tienes esa cintura definida, los cuadritos, o te ves hermosa en esa ropa que tiene en tu clóset hace meses y la usaste como motivación para poder hacer esa dieta estricta.

Pero seamos sinceros, a veces recibes ese *rush* de dopamina y de sensación de gratificación con una foto bastante editada, en donde si bien te ves hermosa, tú y yo sabemos que no es real, aunque en tu mente quizá pienses que con lo que estás haciendo vas a llegar a verte así "algún día".

Todos queremos ser felices; es por ello que la constante búsqueda de la felicidad está en todos lados y en todo momento. Es tan común y tan necesaria que en nuestra sociedad moderna, hay una industria entera produciendo pastillas que te hacen feliz o te quitan la tristeza y depresión.

En 1987 se aprobó para su uso la primera pastilla de la felicidad con un medicamento llamado fluoxetina o, más comúnmente encontrada y prescrita por médicos en el mundo, como PROZAC. A esta pastilla se le denominó de la felicidad no porque te hiciera eufóricamente feliz, sino porque quitaba la sensación de tristeza o depresión de tus pensamientos y te dejaba funcionar normal otra vez. Modificó a la humanidad y a la industria por completo.

Una pastilla para ser feliz suena ridículo o suena a magia; pero sí hablamos de una pastilla para curar la ansiedad, la depresión y hasta dolores corporales, entonces se escucha posible, normal.

En lo que va del siglo ha habido un incremento en jóvenes, sin problemas reales de dinero, con buena educación, con buenas familias que los apoyan, buena salud y estabilidad que desarrollan niveles altos de ansiedad y depresión y no los dejan funcionar normalmente. Hoy en día, el dolor se considera malévolo y peligroso y cómo sociedad queremos hacer lo posible por borrarlo de nuestras vidas por completo.

Anterior al siglo XX, los doctores creían que un poco de dolor hasta cierto punto era sano. Los cirujanos de 1800 se rehusaban a utilizar cualquier anestésico por la creencia de que el dolor aumentaba la respuesta del sistema inmunológico y respuesta cardiovascular y, por ende, acortando los tiempos de recuperación. En prácticas como la acupuntura se sabe que al presentarse dolor y más dolor enfocado aumenta la velocidad en cómo se reparan los tejidos.

El cambio en el paradigma del dolor se ha traducido en no solo la industria sino en médicos recetando masivamente las pastillas mágicas que te hacen sentir bien. En EE. UU., uno de cada cuatro adultos y más de uno en cada veinte niños toma alguna medicina psiquiátrica diariamente.

Entre más desarrollado el país, mayor consumo de antidepresivos. En Alemania creció el consumo 46 % en cuatro años; en España y Portugal un 20 % en el mismo periodo; en Australia y Canadá ochenta y nueve de cada cien personas toma un antidepresivo diariamente.

En China, la venta de antidepresivos llegó a 2.600 millones de dólares en 2011, casi un 20 % más que el año anterior. En EE. UU., el uso de los estimulantes como Adderall y Ritalin se duplicó de 2006 a 2016, incluyendo niños menores de cinco años.

Según un informe sobre la felicidad realizada por la ONU que mide la evolución de la felicidad en los ciudadanos en los últimos años (2021), Suecia está en el séptimo lugar entre los países más felices; sin embargol casi uno de cada diez habitantes toma antidepresivos como Paxil, Prozac y Celexa.

Por su parte, Islandia figura en cuarto lugar de felicidad, y once de cada cien habitantes toma antidepresivos. Finlandia se coloca como el primer lugar, donde siete de cada cien habitantes toma antidepresivos.

Dichas cifras no prueban que no son felices, prueban que sin importar los índices de felicidad o la percepción de felicidad, la gente, la industria y los médicos le huyen a como dé lugar a cualquier tipo de dolor.

México, según el índice de felicidad de las Naciones Unidas, está en el lugar treinta y seis de la lista; sin embargo de su población solamente el 1.24 % toma antidepresivos. Ahora bien, según cifras del INEGI (Instituto Nacional de Estadística y Geografía), el 15 % de la población en México ha padecido o padece de depresión, lo cual sugiere que entre más industrializado el país, más recursos tiene su población y se abusa mayormente de la pastilla mágica para no sentir tristeza.

Entre más recursos tiene una persona, también es más fácil tener acceso constante a medicinas antidepresivas, en donde cuando una persona no tiene en su presupuesto ese dinero extra, quizá solo lo vea como un tratamiento a corto plazo y lo deje de tomar. La gran mayoría de la gente que ha tomado antidepresivos, regresa a tomarlos una y otra vez.

La industria farmacéutica, los médicos, las personas en general; todos estamos en el mismo canal: evitar el dolor. Le puedes echar la culpa a la industria y decir que es un gran mercado y se genera muchísimo dinero y no estarías equivocado; también puedes pensar que debe haber mejores formas de lidiar con la depresión y la ansiedad y, de nuevo, no estarías equivocado pero, el punto de este libro no es pretender diagnosticar ni curar ninguna enfermedad, por lo cual no voy a profundizar en este tema.

La búsqueda de la felicidad en nuestra sociedad moderna ha generado pastillas mágicas para todo, a lo mejor no en la forma de una pastilla como lo son los antidepresivos, pero sí tenemos soluciones mágicas para todo. Para generar dinero, bajar de peso, para que tu niña ponga atención en la escuela, para ser más inteligente, para escribir un libro pero, sobre todo, tenemos soluciones mágicas para terminar con el aburrimiento.

El aburrimiento en la sociedad actual es un dolor que tantos dispositivos y bombardeo de información curan en segundos. Ya no necesitas leer las etiquetas de los productos en tu baño cuando no tienes una revista para usarlo, te metes a redes sociales y haces lo mismo que cuando tienes un descanso de tu trabajo. O cuando estás en la fila del supermercado, no hay un momento de descanso en el bombardeo de información a tu mente. La paradoja aquí es que mientras curas el aburrimiento, matas la creatividad también, no hay momento de reflexión, de simplemente pensar.

Mis hijos mellizos de seis años, al escribir estas líneas, son adictos a sus dispositivos, por lo cual les empezamos a limitar el acceso a los mismos. Primero nos empezaron a dar más lata requiriendo más atención nuestra; después empezaron a descubrir sus juguetes y otras formas de entretenimiento como rompecabezas, legos, muñecas y cochecitos. Ya dibujan y escriben nuevamente, incluso con la televisión prendida son más creativos y activos que con un iPad a unos centímetros de sus caritas.

Como padres es muy fácil ocupar a una niña con un dispositivo electrónico, y no está mal, hay ocasiones cuando podría pensarse como necesario, pero no todo el tiempo. Si tienes hijos seguramente lo has vivido; si no los tienes seguramente los has visto en lugares públicos, y si no los has visto ahora que desperté esta curiosidad en ti lo vas a ver en casa de algún familiar, amigo con sus hijos y hasta en lugares públicos.

Los dispositivos electrónicos son, por un lado, una herramienta impresionante de productividad y comunicación pero, por otro lado, son el peor distractor con el que cuentas. Así como los niños, pierdes una conexión con el entorno en donde estás, desperdicias tiempo de reflexión y, por ende, tiempo de creación.

La búsqueda del placer inmediato, de la cura por el aburrimiento, el *hit* de dopamina mantiene a la gran mayoría de las personas viviendo como la gran mayoría de las personas: en una mediocridad colectiva, distraídos constantemente y mantenidos en un *statu quo* inconscientes de la vida que podrían tener.

Veo los dispositivos electrónicos como la peor de las drogas en la actualidad. Hace unos años, mi socio fumaba cerca de cuatro cajetillas de cigarrillos al día, lo cual es un número brutal. Afortunadamente, al día de hoy tiene más de diez años que lo dejó para bien. Pero nunca se me va a olvidar estar en la oficina o en algún café y teniendo un cigarrillo prendido en el cenicero o en una mano, por respuesta automática alcanzaba con su otra mano la cajetilla siempre presente en su bolsa frontal de la camisa para prender otro.

Muchas veces lo logró, por estar distraído en otros temas, pero veo incluso en mí ese impulso automático a tomar mi teléfono en momentos de "aburrimiento", incluso cuando estoy viendo una película que en teoría debería de matar el aburrimiento generando entretenimiento.

¿Te ha pasado que estás viendo un video en tu teléfono con otra persona y, por estar distraído, te llega el impulso y necesidad de buscar tu teléfono en algún bolsillo de tu pantalón? Todos somos tan adictos a los dispositivos electrónicos como mi socio que prendía cigarrillo sobre cigarrillo sin darse cuenta.

"La gran mayoría de nosotros tenemos dos vidas, La vida que vivimos, y la vida que no vivimos pero que está dentro de nosotros. Entre las dos está la resistencia".
STEVEN PRESSFIELD

La resistencia

La resistencia es esa fuerza interna que vive en tu subconsciente y se presenta cuando siente peligro; este proviene de muchas fuentes, pero la principal es el cambio. En el capítulo anterior, te presenté tu mente ancestral, la que vive en un entorno de peligros alrededor y te cuida en todo momento.

La sociedad actual no tiene esos peligros que tenían los humanos en la época de Ötztli, sin embargo, todavía tenemos una alarma que nos avisa cuando algo está por cambiar y nos hace prestar atención.

Otro efecto de tu mente ancestral es que está programada para comer cuando puede comer y, entre más calorías, mejor. Descansa cuando puede, se arropa cuando puede, trata de hacer todo con el menor esfuerzo y guardando la mayor cantidad de energía posible, porque no sabe cuándo va a tener que correr o pelear con algún peligro o una oportunidad de caza. Cuando algo es nuevo lo atemoriza y lo evita porque podría ser peligroso. Asimismo, cuando puede tener sexo lo tiene, aparte de ser un placer, está programado para reproducirse a como dé lugar.

La búsqueda de la felicidad o la recompensa inmediata está programada en tu mente porque es la manera en cómo tus ancestros sobrevivían y se reproducían. La resistencia es una herramienta de supervivencia integrada en la mente de todos los humanos a través de miles de años.

Tu mente no ha evolucionado todavía a la sociedad moderna en donde puedes no solo encontrar tus necesidades y antojos inmediatos, sino una gran variedad de cualquier cosa que estés buscando.

En mi libro "del montón" explico cómo esa resistencia nos mantiene en mediocridad hoy en día con metas genéricas, equipados para tener una vida en serie como productos de una fábrica en vez de perseguir aquello que de verdad te dará una vida que para ti vale la pena vivir.

Se presenta como miedo, como memorias de situaciones similares en donde te fue mal, como una vocecita en tu cabeza que sabe todas las razones por las cuales no debes hacer ese cambio.

Si tienes un proyecto, una idea, un sueño y cuando piensas en empezar a llevarlo a cabo sientes mariposas en el estómago, piensas todas las cosas negativas, todos los cambios que tienes que hacer, lo que vas a perder, y te la miedo la incertidumbre de lo que puede ocurrir; te acabas de topar con la resistencia.

La resistencia no solo se presenta como cambios enormes, como dejar tu trabajo para emprender, cambiar de carrera, dejar a tu pareja o empezar una relación nueva, se presenta todos los días en menor forma, pero igualmente casi siempre gana.

Imagina que te inscribes en el gimnasio, decides empezar a comer mejor, y hasta publicas en tus redes sociales: "Ahora si se les acabó su gordita, van a ver el cambio". Al principio esta determinación genera éxito y es muy fácil mantener tanto la dieta como el régimen de ejercicio, pero poco a poco la motivación es más difícil de encontrar, sobre todo cuando tienes un día complicado, hay un evento social, estás triste o cansada, es un día lluvioso, etc.

En esos días empiezas a escuchar una vocecita que te dice "hoy me merezco no ir al gimnasio; total, he entrenado toda la semana", "Hoy me merezco una dona; total, he comido muy bien", y poco a poco la vocecita se presenta más y más, hasta que empiezas a caer en la tentación. Y, sin darte cuenta , después de dos meses ya estás de nuevo en la misma rutina que tenías antes de publicar en redes que ibas a cambiar, y eso que el haberlo publicado en redes te mantuvo más tiempo en el régimen porque sentías una presión social.

La resistencia está presente cada vez que pasas por enfrente de las donas, está presente cada vez que levantas tu teléfono y te pierdes haciendo *scrolling* y desperdiciaste el tiempo, está en cada cerveza, en cada desvelo.

Tú sabes lo que tienes que hacer, y decides no hacerlo porque le haces caso a la vocecita interna que crees que eres tú y no te das cuenta que es La Resistencia.

La búsqueda del placer inmediato es la que alimenta la resistencia, por ejemplo, ¿qué te da más placer La dona hoy o el cuerpo que quieres en seis meses; jugar videojuegos hoy o empezar a estructurar tu negocio para emprender en dos años; la ropa nueva o el ahorro para invertir; perder el tiempo en redes o tu *"side hustle"*; evitar el aburrimiento hoy o tener libertad económica en cinco o diez años; diversión hoy o aprendizaje para el futuro

Piensas que el placer hoy es más importante que el placer futuro, y no lo pongo como pregunta porque seguramente te contestarás que no, que es más importante el futuro; sin embargo, sigues buscando el placer inmediato en vez de buscar las metas futuras.

El saber qué es lo que tienes que hacer y decidir no hacerlo se llama procrastinar. Esta acción se entiende como pérdida de tiempo. En realidad, la persona que procrastina sigue ocupada, mas no en lo que de verdad vale la pena. Desde niños nos han convencido de que estar ocupados en algún tipo de trabajo es equivalente a ser exitosos.

El que es muy trabajador llega lejos, y en realidad no; para llegar lejos, primero tienes que saber en qué trabajar, ahí está la diferencia. El que llega más lejos no es el que más trabaja sino el que trabaja inteligentemente.

La persona que procrastina busca una actividad paralela a aquella actividad que sabe que tiene que hacer para distraerse, ¿y cómo se distrae? Con la búsqueda constante de la felicidad inmediata. Esta te distrae de la felicidad como estilo de vida, con picos de placer y picos de dolor.

La resistencia es el principal generador de estrés, de depresión, de dolor. El saber que puedes, pero no haces genera esas emociones negativas recurrentes y constantemente presente en tu mente. La solución no es una pastilla mágica de felicidad que quitará esas sensaciones para poder mantenerte en la vida que llevas.

La mítica zona de confort, esa de la cual todo mundo habla y explican, es la magia, el logro, tu vida deseada, radica fuera de ella. Es cierto, necesitas incomodarte para crecer en cualquier ámbito, y lo que no te permite incomodarte es la resistencia.

"Si el procrastinar es el efecto, la causa tendrá que ser sin lugar a dudas la resistencia".

La causa explica la razón por la que algo sucede. El efecto es la descripción de lo ocurrido. Para toda acción corresponde una reacción. La reacción hacia la resistencia es el procrastinar.

¿Te gusta la magia? Hoy le decimos trucos de magia porque entendemos que hay una causa para lo que estamos viendo, hay un truco, el mago simplemente engaña nuestros sentidos, nos demuestra una causa para un efecto inesperado. Los magos separan la causa del efecto que conocemos y eso la hace tan atractiva y entretenida. Sabemos que es ficticio y siempre trataremos de explicar lo que está sucediendo en el escenario.

Tu vida, al igual que la naturaleza, está regida por el principio de causa y efecto. Esperar que algo cambie sin cambiar tu estilo de vida es como esperar un acto de magia. Y tu felicidad no depende de las pastillas mágicas o de aquella gratificación inmediata sino de lo que haces todos los días. En pocas palabras, el ser feliz es un estilo de vida.

¿A la gente feliz le va mejor en la vida o la gente feliz es feliz porque le va mejor en la vida?

La hipótesis de la felicidad

Pero entonces, ¿qué es lo que hace que una persona sea feliz, a diferencia de una persona que no lo es? O más bien, ¿qué es la felicidad?, porque todavía no está claro de qué estamos hablando.

La felicidad es una pequeña emoción que tiene fin, no es para siempre, no hay nada que te pueda hacer feliz todo el tiempo, y la felicidad que tú buscas lo más seguro es que la confundas con placer; como la dona, la chela, los *likes*, la pornografía, la serie que no sueltas, y mucho más.

El placer no es malo, pero en nuestros tiempos donde el dolor, la adversidad, y la incomodidad son demonios que tratamos de acabar, el placer se vuelve la adicción más fuerte y peligrosa de nuestros tiempos.

Las expectativas son cada vez más positivas, se más sana, más sexy, más fuerte, más productiva, más rica, más lista, más envidiada, más sobresaliente, más popular. Estas expectativas son irrealmente positivas e irrealmente irreales (si, pleonasmo de pleonasmos).

Te imaginas una vida donde te levantas a la mañana en tu mansión, tienes los hijos perfectos, la pareja ideal, desayunas delicioso y tomas tu helicóptero desde tu isla privada a tu trabajo ideal en donde haces más dinero que el Papa y además estás haciendo un cambio tan significativo que vas a hacer el mundo un mejor lugar para todos.

Pero si te paras a pensar en esa vida perfecta que te imaginas, te das cuenta que en realidad estás enfocando todo lo que te falta, todo lo que no tienes, y, de nuevo, entrando en esa mentalidad del constante "querer", solo que ahora piensas en lo que según tú te hará más feliz.

Tomas cursos motivacionales, escuchas a gurús en técnicas y estrategias para obtener todo lo que quieres, te paras frente al espejo y haces ejercicios de afirmación en donde te dices lo guapa y buena persona que eres, pero si fueras guapa y buena persona no necesitarías repetirlo frente al espejo, tampoco el repetirte que estás agradecida, y que ya tienes los millones y millones que esperas tener. O qué tal los ejercicios de visualización donde se trata de verte muy exitosa, pero si fueras así de exitosa no tendrías que imaginártelo, ¿verdad?

No estoy diciendo que esos ejercicios no funcionen, lo que estoy diciendo es que se enfocan en lo que no tienes, lo que no eres, lo que no has logrado. Si estás en la base de la montaña y te imaginas parado en la cima puede ser muy buen ejercicio de motivación, pero solo estás visualizando lo que no tienes, lo que no eres y no la manera en cómo podrías llegar ahí.

Una mujer millonaria no tiene que probarle a nadie que es o es, así como un hombre seguro no tiene que mostrar su seguridad, un atleta no se desvela tratando de demostrar que es un atleta. Estas personas simplemente son lo que son. Es por eso que te digo que una persona feliz no se tiene que parar en el espejo y convencerse de que es feliz, simplemente lo es.

Al final, la vida que te imaginas como perfecta, la vida que ves que tienen los demás en redes sociales, los comerciales y publicidades en televisión en redes, todo te dice que necesitas más dinero, mejor trabajo, menor peso, más músculo, mejor coche, más decoraciones y hasta un arbolito de navidad más grande y frondoso. Pero eso no te va a hacer feliz, solo te va a dar placer temporal.

Quién es más feliz: ¿un ganador de la lotería o una víctima de un accidente que queda paralizado?

En un estudio de la Universidad de Berlín, por Pascal Wallisch, contestaron esta pregunta. Seguro te resultará muy raro y me dirás, "obvio el ganador de la lotería", pero te va a sorprender lo que descubrieron:

Mucha de la felicidad que consideramos tener no es objetiva hacia circunstancias de vida. La actitud y la perspectiva significan más que los eventos reales.

Nos dejamos llevar por el efecto de contraste. Eventos en nuestras vidas no tienen un valor específico, los comparamos con otros eventos. Ganar la lotería es una cosa tan grandiosa que hace todo lo demás en la vida del ganador menos, así como el accidente puede resultar lo peor que te haya sucedido comparado con todo lo demás en tu vida.

También somos susceptibles al fenómeno de habituación. Hay un dicho que dice que los humanos nos acostumbramos a todo menos a no comer. Pero resulta que hay monjes budistas que han aprendido a no comer por días y días. Después de un año de haber ganado un millón de dólares, ya no se siente tan grandioso y una silla de ruedas ya no se siente tan mala.

Resulta que el accidente es tan malo como ganar la lotería es tan bueno que, por contraste, después de un año según las métricas del estudio, los ganadores y los accidentados tenían un nivel de felicidad relativa bastante similar.

El ganador de la lotería había bajado la importancia de las cosas que le daban satisfacción y el accidentado les había dado más importancia; después de un año se encontraban casi en el medio.

Es por ello que en casos de adversidad, como el accidentado, vemos cambios muy significativos en el comportamiento de las personas; estas se vuelven más humanas y empáticas, realmente cambia la manera en cómo ven su vida y lo que las hace felices día a día.

Al final nos daremos cuenta que todo depende de la manera en que ves el mundo, la perspectiva de las cosas y parte de la perspectiva que tengas va a depender de cómo te hacen sentir las cosas. Las emociones en torno a todo tienen más fuerza de lo que crees.

Uno pensaría que si no dependes de tu mente emocional en la toma de decisiones, todo sería más fácil y llegar a una vida de abundancia en todos los sentidos no sería un problema.

El neurólogo Antonio Damásio, ha estudiado ampliamente a personas con daño en la corteza frontal del cerebro, ya sea por un golpe, un tumor o un ACV (accidente cerebro vascular), y descubrió que cuando se dañan ciertas partes de la corteza orbitofrontal del cerebro los pacientes pierden toda su vida emocional, mientras que mantienen su capacidad lógica y racional intacta.

Resulta que, al perder la mayor parte de las emociones, pierden el sentimiento cuando experimentan imágenes de horror o hermosura que a cualquier persona normal haría reaccionar; incluso. al analizar sus reacciones con detectores de mentiras demostraron no tener cambios o reacción corporal. En exámenes de inteligencia y de principios o normas sociales y morales tienen resultados normales.

Entonces, ¿qué pasa cuando esta gente sale al mundo? Ahora que no están distraídas por la emoción, se pensaría que se vuelven hiper lógicas y perfectamente racionales para la toma de decisiones, pero se probó que ocurre exactamente lo opuesto. Se encuentran imposibilitadas para tomar decisiones de cualquier tipo o ponerse metas, y sus vidas se caen a pedazos.

Cuando una de estas personas ve el mundo y se pregunta qué hacer y analiza sus opciones, le falta esa parte emocional inmediata de "me gusta" o "no me gusta". Tienen que analizar pros y contras de cada decisión con su mente racional, pero al no tener emoción alguna, tampoco ven el sentido de escoger.

Cuando tú miras al mundo y ves tus opciones, inmediatamente brincan aquellas que generan emociones positivas y solo tienes que utilizar a tu mente racional para pesar pros y contras de aquellas opciones que se ven igual de buenas.

El raciocinio humano depende críticamente de un sistema de emociones muy sofisticado. Y solamente porque tu mente emocional funciona tan bien, es posible que tu mente racional funcione del todo. La razón y la emoción tienen que funcionar juntas para poder crear comportamientos inteligentes, pero la emoción hace la mayor parte del trabajo. Cuando la evolución humana nos dio la neocorteza frontal a la que se le achaca la inteligencia racional, no solo eso nos dio sino que hizo a la parte emocional del cerebro más inteligente.

> "Los seres humanos no somos máquinas pensantes que sienten, sino máquinas emocionales que piensan".
> ANTONIO DAMÁSIO

Y con esto podemos entender por qué el sentido de la vida de cada quien es diferente; el éxito de cada persona, por ende, debe ser diferente, aunque como sociedad lo tratamos igual, como si a todos nos diera la misma emoción cualquiera de las opciones del mundo.

Lo que termina ocurriendo es que nos convencen de las opciones que tenemos, decidimos con base en un menú muy limitado de opciones y cuando somos exitosos de acuerdo con los parámetros de la sociedad, inconscientemente no nos sentimos contentos con nuestras vidas. Por eso la falta de motivación, la falta de compromiso y el sentimiento de que en ningún lugar estás bien; cambios de empleo constantes, cambios de pareja, la sensación de que no perteneces, de que eres diferente, de que sabes que quieres más pero no sabes más de qué o cómo.

Es ahí donde pierden el sentido todas esas frases motivacionales que te empujan a ser disciplinada y comprometida, a trabajar más duro y con más ganas, pues no estás trabajando en lo que emocionalmente y racionalmente quieres.

"El disciplinarte en saber lo que es correcto e importante, aunque difícil, es el camino al orgullo, autoestima, y satisfacción personal".

MARGARET THATCHER

A menos que ya hayas encontrado eso que te apasiona y te hace levantarte a la mañana sin despertador, eso que es sumamente difícil, pero no importa porque disfrutas el reto. Hasta que no encuentres eso, la frase que puse arriba de Margareth Tatcher no tendrá sentido en tu vida. No necesitas motivación para moverte más rápido, lo que necesitas es encontrar la dirección correcta.

Conclusión

La felicidad es un estilo de vida, no una meta. La felicidad inmediata es mentira y, en la mayor parte de los casos, la expectativa de ese placer es más alto que el placer por sí solo, lo cual te mantiene buscando ese placer a corto plazo sintiendo que no es suficiente y repitiendo el ciclo.

En el capítulo que sigue vamos a separar tu felicidad inmediata de tus metas a largo plazo para entender el porqué de tus resultados actuales y la manera en cómo tus resultados futuros no dependen de ellos en absoluto.

La felicidad se ha malentendido, al final lo que la gente busca en sus vidas es bienestar, la definición de diccionario de esta palabra es: estado de la persona cuyas condiciones físicas y mentales le proporcionan un sentimiento de satisfacción y tranquilidad.

Pero basándonos en esa definición nos damos cuenta que todo depende de "un sentimiento". Entonces si tú sientes satisfacción y tranquilidad tienes bienestar. Y sí, inmediatamente me quieres preguntar: ¿cómo llego a tener ese sentimiento todos los días?

Lo único que te puedo decir es que depende de lo que haces diariamente, en donde regresamos a la premisa de que la felicidad que nos venden socialmente, no es la felicidad o el bienestar de todas las personas porque todos somos diferentes.

La manera en cómo podemos los humanos encontrar ese sentimiento es en una búsqueda progresiva de algo que en la mente de cada quien valga la pena buscar. El progreso es importante porque sin este se pierde el sentimiento de satisfacción. Mientras avanzas hacia algo que en tu cabeza vale la pena, te mantienes motivada y contenta, tienes altas y bajas pero las altas son mejores que las bajas.

III TUS DOS PERSONAS

"Nunca duermo lo suficiente, me quedo despierto
hasta tarde porque soy la persona de en la noche,
y él se quiere quedar despierto"
JERRY SEINFELD

El comediante Jerry Seinfeld, en uno de los capítulos de su famosa serie, hace referencia a su "night guy" y su "morning guy", en donde el tipo de noche se quería quedar despierto hasta tarde y disfrutar de la noche, se la pasaba bien, le gustaba. Y en la mañana, el tipo de la mañana despertaba cansado, con ojeras, habiendo dormido solo cinco horas y odiando al tipo de noche.

"Todo es culpa del tipo de en la noche, me lo hace cada mañana", y el tipo de en la mañana no puede hacer nada, no tiene control sobre el tipo de noche, lo único que puede hacer es quedarse dormido en el trabajo suficientes veces para que el tipo de día pierda su trabajo y el tipo de noche no tenga dinero para seguir de fiesta". Jerry explica de manera graciosa y perfecta la dicotomía de la sociedad moderna.

Quieres estar descansada mañana, levantarte temprano para ir al gimnasio, tener tiempo para prepararte un desayuno balanceado y sano. Será un día complicado y si lo empiezas bien vas a lograr todo lo que necesitas hacer. Pero en realidad terminaste en un bar después del trabajo donde tomaste una copa de más, o quizá llegaste a ver la serie del momento y te quedaste despierta viendo uno o dos episodios, solo para despertar la siguiente mañana al sonido del despertador de malas, cansada, sin ganas de ir al gimnasio.

Entonces decides dormir un poco más, te levantas tarde, sales corriendo de casa para llegar al trabajo y desayunas una dona con café, solo para tener hambre dos horas después y comerte otra dona o algo igualmente poco nutritivo y procesado. No tienes energía, tu creatividad y motivación están bajas y, por ende, haces lo mínimo requerido y no puedes esperar a que termine el día; "hoy si me voy dormir temprano", dices, pero resulta que algo surge y de nueva cuenta te duermes tarde y el ciclo se repite. ¿Te suena conocido?

Tienes tres personas que interactúan constantemente: tu persona pasada, tu persona presente y tu persona futura. Sabes quién es tu persona pasada porque ya lo viviste, sabes quién es tu persona futura porque es la que quieres ser cuando seas grande, y sobre la única que tienes control es sobre tu persona presente.

Tu persona pasada

Ayer le pertenece a tu persona pasada y ya no puedes hacer nada por ayer, más que aprender. Lo que no hiciste ayer por tu persona presente, tu persona presente no lo logró, como con el ejemplo de Jerry de la persona nocturna. Es decir, lo que tu persona nocturna no hizo por tu persona de en la mañana ya no sucedió, lo único que puedes hacer hoy en referencia al ayer es aprender de lo que hiciste bien o lo que no hiciste, así tu persona presente se puede ir a la cama temprano.

El gran problema es que tu persona de en la mañana hace coraje porque tu persona de en la noche no se acostó temprano, y compromete a tu persona nocturna a dormirse temprano muy fácil. Quizá tengas un diálogo interno similar a esto: "Que mal que no me acosté temprano, estoy muy cansada, pero hoy sí me voy a acostar a las diez de la noche para recuperarme". La razón por la cual es fácil decir eso es porque todavía no está sucediendo y es muy fácil comprometer a tu persona futura en el momento.

Tu persona presente se ve afectada por tu persona pasada, con emociones hacia lo que tu persona pasada, vivió, decidió, sufrió o logró en el pasado, pero lo que esto significa es que es un recuerdo, y como te comenté en el primer capítulo, el lugar donde estás hoy depende de lo que hiciste en el pasado, pues las decisiones pasadas generan tu presente. Pero este presente de ninguna manera es un límite para tu futuro.

En otras palabras, no te claves con tu persona pasada, porque ya no la puedes modificar. Sería genial que tu persona pasada, quien no te afecta hoy, hubiera empezado la dieta y el gimnasio hace cinco años. Ojalá también hubiera empezado un negocio alterno o hubiese sido genial que no se metiera en ese callejón oscuro para que no le robaran el reloj y la cartera con la quincena.

Sin importar lo que hiciste en el pasado, las malas experiencias, las malas decisiones, y hasta la mala suerte, hoy no puedes hacer nada por eso; así que suelta las emociones negativas, la culpa y el coraje. Toma lo positivo, el aprendizaje y las buenas memorias.

Tu persona presente

Tu persona presente vive en un mundo de momentos muy cortos, y las decisiones que tomas cada momento afectan tus resultados. Tus resultados son todo aquello que tienes, que sabes, que ganas, desde relaciones personales hasta posesiones materiales.

La persona presente es la única que tiene la capacidad de tomar decisiones. Pero no solo las toma conscientemente, sino que las decisiones se toman a cada momento hasta de manera inconsciente; por lo cual, estás creando tu vida en todo momento.

Nunca vas a aprender si no estudias, tomas un curso o lees un libro, pero para poder terminar de leer un libro necesitas decidir leerlo constantemente hasta terminarlo.

Nunca vas a tener un peso ideal si no decides diariamente ejercitarte, si no decides diariamente no comerte la dona.

Nunca vas a tener dinero de sobra si no decides conscientemente ahorrar antes de gastar, si no decides tener otras fuentes de ingresos, si no decides aumentar tus capacidades, habilidades y conocimientos. Pero no puedes hacer eso una vez y ya, necesitas decidir todos los días para hacerlo.

No vas a ser violinista si no practicas, atleta si no entrenas; no vas a ser la persona que deseas si no decides conscientemente hacer lo que esa persona hace todos los días.

El no decidir es también una forma de decisión, porque al no decidir te vas a lo que ya has decidido con anterioridad a través de tus hábitos, y ahí en la comodidad de tus hábitos nunca van a cambiar tus resultados en nada.

Todos tus resultados dependen de las acciones que tomas en cada momento, pues las acciones que tomas determinan comportamientos, y estos vienen de tus decisiones, ya sean conscientes o inconscientes.

Cuando tomas una decisión consciente, tienes un diálogo interno en donde te preguntas y te contestas: "¿quieres la dona de maple o la glaseada? Mmm, se me antojó la glaseada", "voy a salir a correr 5km". Decido amarrarme las agujetas, ponerme el reloj y empezar el cronómetro mientras arranco a correr. Las decisiones que tomas conscientemente van desgastando tu capacidad de decidir, es como un músculo y entre más lo usas, más se cansa y se fortalece.

Cuando tomas una decisión inconsciente, no te das cuenta que la estás tomando aunque es tu mente la que decide. Este tipo de decisiones las tomas porque tu mente inconsciente ya ha sido programada para tomarlas, ya sea que has tomado decisiones de este tipo antes y tu mente te ayuda o tienen que ver con esa programación mental que vienes acarreando desde los tiempos de Ötztli; luego lo que tus padres colaboraron con tu crianza, y terminando por la comunidad y sociedad donde vives o has vivido.

Tomando el ejemplo de salir a correr, a la hora de ponerte las agujetas y amarrar el nudo, esto no lo estás pensando conscientemente. Capaz y el tipo de calzado sí, pero el nudo lo haces de manera automática. También el dar paso tras paso, entras como en un trance, tu mente consciente está parcialmente en otro lado, ya sea escuchando música, pensando en tu día o si eres como yo, escuchando algún *podcast* o audiolibro.

Tu mente inconsciente toma casi todas las decisiones de tu día, empezando por todo aquello que te mantiene vivo y no controlas, como el hecho de que tu corazón no deje de latir y no dejes de respirar o como el digerir la dona glaseada que te acabas de comer.

Se considera que la mente consciente en una persona promedio toma desde el 85 % hasta el 98 % de todas las decisiones, y las tomas de manera inconsciente, o sea, tú no te das cuenta. Es más, hagamos un ejercicio, la próxima vez que te amarres las agujetas fíjate conscientemente si lo haces hacia la derecha o hacia la izquierda cuando le das vuelta al nudo, y si lo hiciste mentalmente mientras leías estas líneas es porque no te acuerdas.

Intenta amarrar tus agujetas hacia el lado contrario, seguramente en el primer intento falles y te gane tu mente inconsciente obligándote a hacerlo para el mismo lado de siempre. El segundo intento te vas a perder a mitad de camino como si nunca lo hubieras hecho antes; no sé cuántos intentos te tome, pero una vez que lo logres verás que el trabajo es deficiente, quizá tengas que volver a amarrarlas porque no te quedó bien. ¡Ya lo lograste!

Ahora, la próxima vez que las amarres vuelve a hacerlo para ese lado, seguramente estás pensado: "¿cómo para qué?, ya entendí el punto". La cosa es que la segunda vez te va a costar casi el mismo trabajo que la primera, pero poco a poco, si lo sigues haciendo se va a ir facilitando, hasta que lo hagas de manera automática.

Pero que flojera, ¿no? Si ya lo hago de manera automática, para qué trabajar en aprender eso? Ese mismo rechazo es el que se presenta con cada cambio en la programación de tu mente que quieres realizar. Por ello es tan fácil decir: "mañana no me como la dona, o solo me como una", pero a la hora de pedir tu café automáticamente pides la dona. Si conscientemente decides no pedirla es el mismo proceso de amarrar tus agujetas para el lado opuesto y sentirás la misma resistencia al hacerlo.

Tu persona presente toma decisiones que afectarán a tu persona futura con mucha facilidad, como decidir dormirte temprano, pero cuando llega la noche no quieres apagar la televisión, el iPad o solo quieres un poco más de vino. La resistencia vive en tu persona presente, y para decidir diferente a como habitualmente lo haces, lo tendrás que hacer contracorriente.

Si llegaste hasta aquí y todavía crees que no tienes que cambiar tus decisiones para cambiar tu vida, o si todavía crees que es tan fácil como conseguir la píldora mágica, es buen momento de regresarte a principio del libro y releer un poco.

La paradoja de tu persona presente es que es la única con el poder de crear la vida que deseas, pero también es la que trae toda la resistencia al cambio. Como cuando crees que tu persona pasada te está jugando chueco y hasta te regañas, como el típico dicho de aquella persona a la que se le pasaron las copas, "no vuelvo a tomar", por la resaca impresionante que te cargas en la mañana, para solo volver a hacerlo en la próxima fiesta o reunión. Mi yo fiestero quiere fiesta, pero mi yo deportista quiere levantarse sin resaca y, créeme, no hay una pastilla mágica que cure la resaca.

En las caricaturas es el típico ángel de un lado y diablo del otro, en donde ambos te aconsejan de manera diferente; el problema aquí es que ambos te aconsejan de manera diferente en momentos diferentes.

Es muy fácil decidir por otra persona, ¡necesitas ponerte a dieta!, ¡necesitas ahorrar!, ¡necesitas tener esa conversación difícil, ¡necesitas renunciar a tu trabajo!, ¡ya no comas donas!

Cuando tu persona presente toma una decisión futura es como estar decidiendo por otra persona, porque no eres tú ahora, no tienes que hacer el sacrificio en este momento. Seguro piensas que te vas a sentir igual con la misma decisión, con las mismas ganas, o con la misma resaca que te haga pensar dos veces antes de tomarte otra cerveza.

Pero cuando llega el momento de tomar la decisión, de hacer la actividad o la tarea difícil, cuando llega el sacrificio, ya no es otra persona la que lo tiene que hacer, eres tú, ahora, en este momento. Y es cuando decides nuevamente que mejor se encargue de esto tu persona futura.

Tu persona futura

Tu persona futura es aquella a la que le pones tareas o metas en el futuro, y puede ser tan inmediato o tan alejado como tú lo hagas. En el ejemplo de Jerry, tu persona futura es la persona nocturna, y en la mañana decides que a la noche te vas a ir a la cama temprano. Pero cuando tu persona futura se convierte en tu persona presente, te das cuenta que el placer inmediato de las cosas que disfrutas hacer es más fuerte que tu resolución de la mañana.

Ponerle tareas a tu persona futura es muy fácil porque no te estás comprometiendo tú, sino que estás comprometiendo a otra persona que todavía no eres. Hoy no eres la misma persona que eras hace cinco o diez años; has aprendido, has logrado, has hecho, tienes cosas que algún día quisiste. Tu persona presente es lo que en algún momento pensaste como tu persona futura. ¿Qué tan alejado de lo que pensabas que serías estas?

En capítulos anteriores te mencioné cómo la gran mayoría de la gente no alcanza un éxito en sus vidas porque no saben cómo se ve ese éxito. Una de las herramientas que muchos autores, *coaches*, entrenadores, consultores y directores de recursos humanos utilizan es la de visualización, el tener una meta clara.

Dentro del ámbito empresarial puede ser una meta con números en ventas, en retorno sobre la inversión, en adquisición de nuevos clientes, en porcentajes de recompra de clientes pasados, expansión de mercado, porcentaje de conversión de las campañas de *marketing*, etc.

En el ámbito personal puede ser perder diez kilos, correr un maratón o escalar una montaña, terminar un triatlón o quizá mejorar tu tiempo en carrera de diez kilómetros. También puede ser aprender otro idioma, tomar un curso, conseguir una certificación o título profesional, emprender tu propio negocio, etc.

En el ámbito familiar; llevarte mejor con tus personas cercanas, conseguir pareja, mejorar la relación de pareja, pasar más tiempo con tus hijos o con tus padres, mejorar tus relaciones personales en el trabajo o en el gimnasio.

Cualquier meta que de verdad quieras obtener necesitas visualizarla primero, por ejemplo, al momento de estar escribiendo estas líneas, tengo la meta de terminar este libro este año. Me siento a escribir por lo menos dos horas diarias, ya se cómo será la portada, quién lo va a publicar y dónde se va a vender; y entre más avanzo, más visualizo como será el día que lo termine.

Los atletas de alto rendimiento visualizan la competencia antes de realizarla, imaginan cada paso, cada golpe, cada vuelta, cada brazada, cada salto. La visualización es muy importante porque si no le das instrucciones precisas a tu persona presente de cómo es tu persona futura, será imposible que te conviertas en ella.

Tu persona futura es quien quieras que sea, pero dependes de tu persona presente para poder hacer realidad a tu persona futura. Si quieres perder peso en un año, digamos diez kilogramos, y también quieres generar músculo, tienes que ejercitarte cinco días a la semana, comer balanceado, más proteína, menos comidas procesadas y menos azúcares. Es muy fácil, solamente tienes que hacer que tu persona presente lo haga día tras día.

Ahora, es muy importante que tu persona futura no sea solamente una persona con diez kilogramos menos porque eso sería a través de sacrificio y contra la resistencia, utilizando solo tu fuerza de voluntad y siendo muy infeliz, solo para empezar a recuperar los diez kilogramos una vez que llegas a la meta.

Tu persona futura tiene que "ser" una persona a la que le gusta ejercitarse cinco días a la semana, a la que le gusta comer mejor, es esa persona que sube las escaleras a pie y no usa el elevador, es esa persona que no le importa que tan lejos se estaciona en el supermercado porque le gusta caminar, es la persona que comparte con sus amigos una pizza, pero se come uno o dos pedazos y los acompaña con una ensalada o con verduras.

La diferencia entre solo verte con diez kilogramos menos, pero con tu mismo estilo de vida a verte con diez kilogramos menos pero por el estilo de vida que soporta a esa persona, es la diferencia entre lograr cambios a largo plazo y mantenerlos. No tienes que convertirte en esa persona en un mes, tampoco en un año ni en cinco, pero sí poco a poco día a día.

Lo mismo si tu persona futura gana treinta o cuatrocientos mil pesos al mes. No tienes que hacer un cambio radical este mes y ver si llegas; tienes que poco a poco convertirte en la persona que puede generar esos ingresos. Quizá te tome entre cinco y diez años, pero primero tienes que ver quién es esa persona futura que quieres ser, la cual tiene comportamientos y hábitos que le ayudan a tener varias fuentes de ingresos, como inversiones, ahorro, ingresos activos y pasivos, etc.

La píldora mágica, para poder llegar a tu persona futura, es tu persona presente, y esa es la dicotomía de la sociedad moderna. El placer inmediato es demasiado bueno para cambiarlo, tu persona futura puede esperar; solo voy a disfrutar unos años más, después veo como le hago para llegar a mis metas de algún día, solo una dona más, solo un juego más, solo una cerveza más, solo un minuto en redes más. Total, estoy cómodo en mi trabajo, con mi familia o sin ella, en mi casa rentada, con mi sobrepeso, con mi mediocridad.

Si al leer mis ejemplos sentiste un cierto rechazo a lo que te estoy diciendo y pensaste cosas como: "claro es muy fácil decirlo así, yo siempre he tenido mala suerte, mis oportunidades no me dejan, no tengo tiempo, tengo muchos gastos, gano muy poco, a mí nunca me va a funcionar, soy de hueso ancho", estás teniendo una conversación con tu mente mediocre.

Mis ejemplos pueden sonar simplificados y genéricos, la razón es que si bien somos muy parecidos, todos tenemos metas únicas, y si eres de los que quieren perseguir las metas que todos los demás quieren perseguir es porque estás sesgado a buscar lo que tu comunidad busca; y a todos nos gusta estar cómodos, la mala noticia es que en la comodidad no hay cambio, no hay crecimiento, solo estancamiento, inconscientemente todos queremos ser mediocres, es más fácil, es más cómodo, y esto genera su propia resistencia.

"El hombre promedio no quiere ser libre.
Simplemente quiere estar seguro".
HL MENCKEN

Tu cerebro fue diseñado para un mundo que ya no existe, en este mundo lo más importante era el sobrevivir, y sobrevivir por lo menos lo más posible para dejar tu ADN en el mundo a través de la reproducción.

Tu mente mediocre se formó en ese mundo y para ese mundo, resistiendo a como dé lugar cualquier cambio, que implica riesgo, y el riesgo en ese mundo lo más seguro es que implicara la muerte o alguna lesión que hiciera el sobrevivir aún más difícil.

Como humanos tenemos muchos sesgos cognitivos que nos hacen ver las cosas de una manera diferente a como en realidad son porque de esa manera nos ayudamos a sobrevivir, uno de ellos es el llamado Sesgo del *statu Quo*, el cual mantiene a nuestra mente mediocre a cargo y evitando a toda costa cualquier riesgo a nuestra supervivencia.

Pero el mundo en el que vives no tiene estos peligros; es más, tu supervivencia está casi garantizada con los avances tecnológicos en cuanto a medicina, la industria alimenticia, surte de alimentos de bajo costo a cualquier lugar a precios muy accesibles, ya no hay depredadores dando vueltas, tenemos sociedades con reglas y leyes para convivir, incluso tenemos autoridades las cuales, en teoría, están ahí para protegernos.

Hoy en día una persona promedio de clase promedio, con ingreso y trabajo promedio vive mejor de lo que vivía la realeza europea hace doscientos años, con más expectativa de vida.

Este sesgo del *statu* quo es de lo que trata el capítulo siguiente, pero para evitarnos el nombre complejo y elegante, llamémosle tu maña de seguir igual.

La disonancia entre tu persona presente y tu persona futura.

Cuando decides algo en el presente, para el futuro y no lo cumples, le llamo disonancia entre tus dos personas porque es una falta de sintonía; no quieren lo mismo, tú quieres bajar de peso, pero en realidad quieres bajar de peso sin hacer nada en el presente y, por eso, se lo encargas al futuro, pero cuando el futuro llega sigues siendo la persona que no lo quiere, porque prefiere la satisfacción inmediata del sillón, de la comodidad de la dona.

Esta disonancia se presenta como una resistencia a hacer lo que necesitas hacer para obtener lo que deseas a futuro. El saber qué puedes y no lo haces genera ansiedad, depresión, estrés, culpa.

Seguramente, lo has escuchado como procrastinar, y seguramente como yo antes de investigar lo suficiente para este libro piensas que es solamente la pérdida de tiempo para evitar las tareas necesarias, pero va más allá porque tu mente te engaña influenciada por esa resistencia. Existen tres tipos:

La clásica: cuando tienes una tarea sencilla pero tediosa, de esas que no te gusta hacer en lo más mínimo, pero las tienes que realizar como pagar la luz, el teléfono, renovar tu licencia de conducir, tu credencial de la uni o tu pasaporte.

Siempre dejándolo hasta el último momento posible sin consecuencias, pero las consecuencias las tienes todos los días mientras no lo haces porque te generan esas emociones negativas del estrés y la ansiedad. Si resolvieras lo que tienes que hacer en cuanto se presenta te evitarías todo ese dolor de procrastinar.

La alución creativa: tu mente es tan inteligente y sabia, que quiere evitarte a toda costa el dolor de las actividades a las cuales tú presentas una resistencia (el no comerte la dona) y es tan creativa que genera actividades que te dan una sensación de placer al completarlas como si estuvieras siendo muy productiva, pero no avanzas en nada, como contestar correos electrónicos, mensajes de texto, organizar tus plumas o tu ropa alfabéticamente, etcétera. Entonces nunca encuentras el tiempo de hacer lo que realmente necesitas hacer, es decir, eludes de manera muy creativa tus responsabilidades.

Ilusión de prioridades: le das prioridad a cosas sin importancia. Esta va de la mano con la anterior, al darle prioridad a actividades sin importancia, sientes mucho placer de completarlas, igual que con la dona ¡al completar tareas recibes un *shot* de dopamina, y ese placer te mantiene cambiando las prioridades de las cosas y evitando de esa manera las actividades que sabes que tienes que hacer. En otras palabras, desvías tu atención de lo realmente importante y la pones en cosas de menor o nula importancia.

La disonancia entre tus personas y la sobre complacencia de tus antojos son acreedores que te cobran interés muy caro y vamos a hablar de esto a fondo en el capítulo del tiempo, pues no es tu mayor recurso.

Conclusión

Tu persona pasada es la que te trajo a este momento de tu vida; no tiene poder, no tiene capacidad de nada más que de aprendizaje, toma de ella lo bueno y deja lo malo.

Tu persona presente es la que tiene todo el poder y capacidad, es la que crea en cada momento tu vida, toma decisiones en el presente de las cosas que de verdad valen la pena. Para llegar a cualquier meta que tengas o que te pongas, lo tienes que hacer en el presente. Deja de comprometer a otra persona que cuando el momento llegue terminará no haciéndolas porque son la misma persona y tú hoy no las quieres hacer.

Tu persona futura es aquella persona inalcanzable en quien te quieres convertir, y digo inalcanzable porque poco a poco, conforme te vayas acercando a ser quién creías que ibas a ser, esa persona futura tiene que ir cambiando. Si no va cambiando es porque no te estás acercando a ser.

IV AVERSIÓN AL CAMBIO

Tu maña de seguir igual. ¿Eres la misma persona que eras hace cinco años? ¿Vas a ser la misma persona que eres hoy dentro de cinco años? Planear, prepararte, aprender, equiparte con herramientas para el futuro hoy. Es cómo llegar listo con todas las herramientas y conocimientos necesarios a un lugar que ya no existe, que ya está en el pasado.

A menos que seas un viajero en el tiempo, no te entraría en la cabeza la idea de aprender todo en cuanto a cómo funciona la sociedad y la manera de tener éxito en los ochentas, ¿verdad?

Es como querer inventar el hilo negro, la rueda, la PC, el iPhone, PayPal, Facebook, el automóvil, cuando ya se inventó y se desarrolló. Entonces, ¿por qué sigues planeando quién vas a ser en el futuro basándote en quién eres hoy?

El *statu quo* es ficticio, la única constante es el cambio. Tu cuerpo reemplaza aproximadamente trescientos treinta mil millones de células al día, el equivalente aproximado al 1 % de todas tus células. Entre ochenta y cien días le tomará a tu cuerpo cambiar todas las células que te hacen tú, aproximadamente treinta billones de células serán reemplazadas.

La resistencia al cambio viene de la sensación de riesgo y nuestra mente está programada para evitarlo. Es la misma sensación que tienes cuando te asomas de lo alto de un edificio, donde tienes esa sensación de caer. Si estás en la parte más alta de un edificio de cuarenta pisos o en el precipicio de una montaña sin un barandal, el simple hecho de acercarte a la orilla trae consigo una resistencia, un miedo innato que es muy difícil de controlar.

Te acercas al precipicio para ver qué hay abajo con alguna seguridad primero, un ancla física en donde puedas tener una mano asegurada o te acuestas en el piso y solo asomas la cabeza; esto te da una sensación de seguridad para poder hacerlo, pero no te quita el miedo. De igual manera, si no te asomas no se te quitará la curiosidad por ver.

Hay gente que practica montañismo, escalada en roca, parkour, trabajadores de la construcción en rascacielos, paracaidistas, en fin; hay mucha gente que con la práctica y la experiencia va perdiendo esa resistencia al precipicio, no porque pierda el miedo, sino porque ya sabe lo que es. Es un miedo conocido, y ya no hay cambio en lo que sucede, y pasa lo que ya saben qué va a pasar.

El miedo de caer al asomarte de un precipicio tiene más que ver con el miedo al cambio que con el riesgo de caer. Si alguna vez has estado en un escenario ante decenas o cientos de personas para dar una presentación, un discurso, actuar, cantar o bailar, seguramente sentiste el mismo miedo al entrar al escenario que cuando te paraste por primera vez en un precipicio, la misma resistencia.

Al pararte en el escenario no tienes miedo de morir o de caer, sabes conscientemente que nadie te va a hacer daño, por lo menos daño físico. Mas tu mente no consciente no entiende la diferencia, siente peligro y reacciona con ese miedo, no a la gente, no al evento, sino a la situación, al cambio.

Y si bien en el escenario existe un riesgo de fracaso, de burla, de hacer el ridículo, de bloquearte y no saber qué decir, es un riesgo de consecuencia más mental que físico; sin embargo, las primeras veces se siente como si de verdad existiera un peligro.

Al igual que los escaladores pierden el miedo a la altura, o quizá solo se acostumbran a lidiar con él, asimismo los conferencistas y artistas le pierden el miedo al escenario, siendo que los primeros sí corren el riesgo de muerte y los segundos no tanto, por lo menos no en el escenario.

Hay muchas situaciones en las que se presenta ese miedo en diferentes proporciones dependiendo lo intenso de la situación; hay gente que tiene una predisposición para hablar en público o para aguantar las alturas, o quizá simplemente tengan más facilidad para lidiar con el miedo al cambio.

El miedo al cambio no es otra cosa que miedo a lo desconocido, a aquello que no sabemos. La incertidumbre provoca resistencia en todo, desde una niña pequeña que no quiere probar algo nuevo hasta los mercados de valores, los políticos, dueños de negocios, emprendedores y personas en general.

Como especie, nos gusta saber qué es lo que va a suceder, dándonos una sensación falsa de control y seguridad. Los niños, en general, disfrutan ver películas que ya vieron una y otra vez porque ya saben qué va a pasar; se sienten seguros.

Regresando al ejemplo de cerrar los ojos y construir en la pantalla de tu mente un futuro perfecto, con todo lo que quieres ser y tener, ¿cómo te ves en ese futuro? Al hacerlo, te sigues imaginando bienes, pertenencias, juguetes o lo que te imaginas ya es la persona en la que te vas a convertir. ¿Cómo ves tus relaciones, a tu pareja, a tus hijos, amigos, compañeros del trabajo, empleados, tus círculos sociales en general?

Todos pensamos que somos la misma persona durante todo el tiempo, la memoria de tu vida va cambiando conforme vas avanzando en la vida. A mí me pasa que he contado una historia tantas veces que de repente ya no sé si realmente ocurrió como la cuento o simplemente ha sido más fácil contarla de cierta manera y esto afecta el cómo lo recuerdo.

Y a quién no le ha pasado durante una discusión con su pareja, un gran amigo o un socio donde las dos partes se acuerdan de los sucesos de manera diferente. Llegas a pensar que tu pareja está inventando argumentos para ganar la discusión cuando en realidad la memoria de ambos es distinta.

Esto ocurre porque para cada persona cambia lo que es importante, tú le darás importancia a cosas que la otra persona no y viceversa. Resulta que si los dos escribieran un relato de los mismos hechos tendríamos dos historias diferentes. Las cosas que son importantes para ti, ocuparán en gran parte tu atención y, es por ello, que no pondrás atención en cosas de importancia media o sin importancia para ti.

Tus decisiones las basas en tu perspectiva de las cosas. Digamos que la manera en cómo percibes un evento es la manera en cómo lo juzgas, pero eso no quiere decir que todas las personas lo vayan a juzgar de la misma manera.

Además, es la manera en cómo lo recuerdas, y cada que lo recuerdas refuerzas lo que sientes, cuando lo cuentas de manera que tu memoria cada vez confirma más como ocurrieron las cosas según tu perspectiva.

Todo lo que ocurre a tu alrededor, todo lo que lees, aprendes, todo lo que experimentas lo evalúas con base en tu particular sistema de creencias, y tu sistema de creencias es solamente la manera en cómo has aprendido desde que naciste a ver el mundo, influenciado desde que naciste por todo lo que has vivido. Y la manera en cómo evalúas todo es particular a ti.

De los atajos mentales

"Si hay algo que de verdad quieras creer, eso exactamente es lo que deberías de cuestionar más".
PENN JILLETTE

Tu mente en su gran diseño y evolución; ha creado ciertos atajos mentales que ayudan en el funcionamiento diario de tu persona. Estos atajos, en gran parte, han sido programados a través de repetición, genética, entorno, en corto tu sistema de creencias, quizá hayas escuchado que se le llama "paradigma" o paradigmas, como ya hemos visto antes.

A estos atajos se les conoce como sesgos cognitivos, y actúan en piloto automático para ayudarte a tomar decisiones de manera más rápida y para confirmar tus decisiones, sobre todo, aquellas que realizas de manera habitual.

Es por ello que es tan difícil cambiar tus hábitos, digamos que ya acostumbraste o programaste a tu mente en ciertos comportamientos y cuando se los cambias pelea por hacer lo que ha venido haciendo desde hace mucho tiempo. Asocia experiencias con comportamientos habituales, por ejemplo "el olor a café hace que se me antoje una dona".

Pero no quiero abundar en el tema de los hábitos, sino en el de los sesgos y la manera en cómo hacen que te quedes o sientas que te quedas detenida en un momento en el tiempo.

El sesgo del que te quiero hablar es llamado de confirmación, y la manera en cómo funciona para confirmar todo aquello que crees que piensas.

Digo "crees que piensas" porque puede ser que a través del tiempo y de tus experiencias puedas cambiar la manera en cómo evalúas circunstancias, por ejemplo, alguna comida que no te gustaba en tu infancia y ahora comes de manera regular. En mi caso, no podía ni oler el aguacate (guácala), pero hoy lo disfruto muchísimo. Se puede decir que aprendí a que me gustara o, mejor dicho, revalué el sabor del aguacate.

Empezamos el capítulo hablando de cómo la generalidad de las personas piensan que son la misma persona a través de los años, siendo que no puedes quedarte estancado en el tiempo, no tenemos ningún control sobre él, está en constante movimiento.

Todos los días evolucionan, mueren y nacen células, creces o envejeces, estás en constante movimiento. Sin embargo, crees que tus pensamientos son los mismos, la manera en cómo evalúas el mundo crees que es la misma.

El sesgo de confirmación genera que busquemos información que confirma la manera en cómo pensamos, por ejemplo, si eres una persona políticamente de derecha o de izquierda y buscas, por un lado, escuchar cosas buenas de tus tendencias políticas y malas de la opinión contraria.

Escuchas medios de comunicación que confirmen tus posturas políticas, pueden ser cosas controversiales como las posturas ante el aborto, la inclusividad, el derecho a portar armas, sobre la educación, etc.

La cosa es que sin importar cuál sea tu creencia sobre un tema, siempre vas a buscar escuchar a la persona, personas o medios que están de acuerdo con la manera en cómo piensas y tratarás de ignorar lo que va en contra.

Si pones atención en las personas que te caen bien, con aquellas que disfrutas conversar y pasar tiempo, te darás cuenta que esas personas tienen mucho en común contigo; principalmente sus creencias y perspectivas del mundo. Cuando alguien confirma lo que crees o cómo ves las situaciones, es mucho más fácil convivir con esas personas.

De la misma manera, personas con las cuales no puedes dejar de convivir como un familiar o un compañero de trabajo, quienes tienen posturas diferentes a las tuyas y se te hace más difícil pasar tiempo con estas personas, incluso percibes cierto cansancio después de conversar con alguien así.

La cosa es que tu mente inconsciente todo el tiempo está tratando de defender tus posturas, incluso sin tú conscientemente saberlo, tratando de confirmar tus creencias.

Entre más sentido hagan los argumentos de la persona con la que estás hablando, más trabajo te costará ignorar, justificar, y defender tus posturas consciente o inconscientemente. Es más, en ocasiones hasta mentiras y enojo, aunque no directamente a la persona y no directamente a ti o a la información, este proveniente de una inmensa frustración.

Y sí piensas que eres una persona bastante imparcial que escucha todas las opiniones y después evalúa las situaciones, tienes que saber del sesgo de punto ciego que habla de cómo una persona cree que tiene menos sesgos que los demás. Todos tenemos sesgos mentales y, aunque diferentes autores le dan diferentes nombres, si buscas en línea encontrarás más de cien.

Para poder tener una mente abierta en todo momento necesitarías reevaluar constantemente todo lo que ocurre a tu alrededor, volver a tomar decisiones en todo momento sobre tu religión o ausencia de ella, tus posturas políticas, tus creencias sobre nutrición, sobre lo bueno y lo malo, sobre lo ético, lo vulgar, lo bonito, sobre tu trabajo, sobre tu jefa y tus compañeros de trabajo. Incluso, sobre tus seres más cercanos.

Cuando conoces a una persona nueva, emites un juicio de personalidad; digamos que te cuentas una historia de quien es la persona que acabas de conocer y decides si te cae bien, si le puedes tener confianza, si te gusta platicar con ella, en general, un juicio de cómo es y será esa persona contigo y con los demás. Con base en ese juicio buscarás información que confirme tu juicio.

Hace unos años emprendí un nuevo negocio: tres restaurantes con un muy buen amigo mío, llamémosle Miguel. Y juzgué mal a mi amigo porque pensé que era una persona honesta y leal, sin embargo, le dio prioridad a sus necesidades, a sus beneficios.

Tristemente, a mí y a un grupo de socios inversionistas nos robó y engañó acrecentando los precios de los servicios necesarios para empezar el negocio, como la construcción, la compra de muebles, las contrataciones y hasta la gasolina que utilizaba. En las juntas que teníamos mensuales, en particular uno de mis socios, lo atacaba fuertemente para que nos compartiera la información completa y saber bien dónde estábamos parados, incluso le insinuaba que si se estaba gastando el dinero en su novia rusa o en viajar con ella.

A mí, en privado, me decía que no le tenía confianza, que algo raro estaba pasando; sin embargo, por la historia que yo me contaba de la personalidad de Miguel buscaba información que confirmara mi pensar, a tal grado que hoy sé que no solo lo estaba justificando sino que en mi mente creaba historias que hicieran sentido para entender por qué había tantos hoyos en los números, en la operación de los dos restaurantes y en los gastos.

Sin ir más lejos, llegó el momento en donde lo tuvimos que auditar indirectamente a través de un contador interno que contratamos "para apoyarlo". Los resultados de la auditoría confirmaron las sospechas: había desaparecido dos millones de pesos. Pidió un crédito a una de las empresas y nunca lo reportó mientras que la empresa pagaba el crédito mensual. Al incrementar los costos no se terminó de construir y nunca se abrió uno de los restaurantes, y los otros dos estaban siendo mal operados generando pasivos y solamente alimentando un estilo de vida ficticio de Miguel, quien solo usaba los restaurantes como su caja chica y a nosotros nos reportaba puras pérdidas.

Si yo no hubiera estado sesgado en mi pensamiento sobre Miguel, me hubiera dado cuenta mucho antes de lo que estaba pasando, y quizá hubiese podido minimizar las pérdidas, capaz y desde un principio no le hubiera dado la total confianza y poder de decisiones. Se hubiera evitado todo el problema desde la causa.

El sesgo de confirmación es de los más peligrosos porque te hace justificar tu nivel de logros, tu nivel de relaciones, de ingresos, de salud, de hábitos y hasta de cintura.

Así como yo me hacía historias de las razones por las cuales había cosas raras con Miguel, tú te haces historias para justificar aquello que sabes que tienes que hacer y no haces, como el hacer ejercicio, acostarte más temprano, tomar menos, comer mejor, trabajar en ese negocio que has pensado, distinguir tus prioridades, dejar de procrastinar, tener la conversación que sigues evitando y todo aquello que en este momento se te ocurra que sabes que tienes que hacer y no haces.

Tu personalidad es la historia que te cuentas de la persona que eres en todas las situaciones, es la manera como te juzgas, pero al igual que acabamos de ver, parte de esa historia está sesgada por atajos mentales.

La historia que te cuentas de quién eres, te la vienes contando desde niña, donde lo único que haces es seguir confirmando la historia, en ocasiones para bien, en ocasiones para mal.

A los niños que les dicen "eres malo en matemáticas", "nunca vas a ser atleta", "eres muy flojo", "esta es la vida que te tocó", "nos tocó ser pobres", "el dinero es la base de todo lo malo", "el dinero no importa", "no puedes...". Les van generando una historia que no solo se creen sino que la cuentan, la repiten y se la cuentan a sus hijos para generarles esos mismos límites.

Cuando escuchas a una persona quejarse de "la vida que le tocó" en donde puede hablar de una infancia triste o difícil, de una adolescencia tormentosa y un camino lleno de obstáculos hasta donde está ahora, echándole la culpa a su pasado de las razones por su presente; y tú analizas su presente, sin hablar de su pasado, no es tan malo, es más, comparándola con otras personas, hasta podría parecer muy bueno.

Tu pasado no importa, tu pasado no rige tu futuro, la gente se queda estancada en el pasado y sigue recreando lo constantemente. ¿Qué futuro quieres tener?

Olvida tu pasado, deja de quejarte de lo que ya no puedes cambiar. Hoy estás en el mejor momento de tu vida porque solo hoy puedes decidir y actuar. No es positivismo tóxico, es una realidad.

Si hubieras cambiado tu estilo de vida hace cinco años, hoy tendrías el cuerpo que siempre has soñado, pero no lo hiciste.

Empieza hoy para que en cinco años te lo puedas agradecer y deja de contarte historias que justifican tu adicción a las donas, las papitas, los postres, el alcohol, etc.; ojo no tienes que restringir, solo balancear.

El pasado sirve por las enseñanzas que nos dio; si superaste gran adversidad o solamente errores y fracasos normales, esas enseñanzas claro que son útiles. Si utilizas emociones, ya sean negativas o positivas de tu pasado como combustible a tú motivación, claro que va a ser super útil. Pero no utilices tu pasado como justificación de aquello que has decidido no hacer.

No vives en tu pasado, ni vas a vivir nunca otra vez en él. Tu presente es resultado de tu pasado, pero en él tienes todo el poder para construir cualquier futuro que de verdad desees.

Sesgo del *statu quo*

Tu mente tiene ciertas mañas que afectan la manera en cómo tomas ciertas decisiones, a estas mañas se les llama sesgos. Un sesgo es una dirección específica o preferencia en la dirección tomada.

El sesgo del *statu quo* es tu maña de querer que las cosas sigan igual. No te preocupes, no es solo tu maña sino de toda la especie. En general, los humanos buscamos la seguridad porque donde hay seguridad estamos a salvo de los depredadores y peligros del mundo.

La mente humana, programada hace miles de años, busca la supervivencia por encima de todo lo demás y, aunque conscientemente tengamos muy claro que estamos a salvo, nuestra mente inconsciente cuando percibe un peligro manda la señal de peligro, aunque realmente no haya uno físico inmediato. Es por ello que vivimos la misma sensación en el precipicio que en el escenario o en la entrevista de trabajo y hasta cuándo le queremos hablar al chico o chica que nos gusta.

Ese miedo a lo desconocido se potencializa cuando en el resultado no solo hay incertidumbre sino además riesgo al fracaso. Si existe la posibilidad del fracaso, ¿cuál sería el motivador que me impulse a cambiar?

Suena lógico; si estoy cómodo, estoy vivo sin peligro de muerte y, si en el cambio hay posibilidad del fracaso, mejor me quedo como estoy. Esa protección es inconsciente y en muchas ocasiones, también consciente, pero para poder mejorar nuestras circunstancias y condiciones tiene que haber un cambio, entonces es paradójico el querer mejorar sin cambiar.

El ser humano tiene una aversión no solo al cambio sino también al perder o dejar de tener. Cuando tienes que vender algo para comprar algo nuevo sientes tristeza de perder aquello que estás vendiendo, por ejemplo, cuando vendes un coche para comprar otro. Se dice que el dolor de perder es mucho más fuerte que el placer de ganar. Por ejemplo, si pierdes mil pesos sientes que el mundo es cruel, y cuando los ganas te da gusto, pero nada extraordinario.

La aversión a la pérdida es un concepto muy importante asociado a la Teoría de prospecto (también conocida como teoría de perspectivas) que está encapsulada en la expresión "las pérdidas se vislumbran más grandes que las ganancias" (Kahneman & Tversky, 1979). Se cree que el dolor de la pérdida es psicológicamente doblemente más fuerte que el placer de ganar. La gente está más dispuesta a tomar riesgos o ser deshonestos (Schindler & Pfattheicher, 2016) para evitar la pérdida que para generar una ganancia.

Teoría de prospecto

La Teoría de prospecto habla de cómo las personas en general tenemos la tendencia de apostarle más al no perder que al ganar. Cuando te enfrentas con una ganancia potencial, en general buscas certidumbre; cuando te enfrentas con la posibilidad de pérdida estás dispuesto a arriesgar más.

La gente le pondrá más valor a la certeza que al riesgo; en especial, cuando las ganancias y las pérdidas tienen el mismo valor, como en el ejemplo anterior de ganar o perder mil pesos. El miedo a la pérdida es mucho mayor a la felicidad de las ganancias.

En pocas palabras, la Teoría de Prospecto asume que una persona tiene aversión a la pérdida cuando se le presenta una ganancia potencial. En general, la persona preferiría evitar el riesgo de una pérdida antes de arriesgarse por una ganancia de igual magnitud. Pero cuando esta misma persona se enfrenta a una pérdida, tiende a buscar el riesgo para evitar la pérdida.

Por ejemplo, un apostador que está debajo de quinientos pesos, es mucho más factible que prefiera el riesgo para ganar esa cantidad que si el mismo apostador estuviera cien pesos arriba.

Al final, es solamente la perspectiva del dolor de la pérdida contra el gusto por la ganancia. Si te ofrezco dos opciones:

Te doy $500 pesos

Me das $500 pesos y yo te doy $1000.

El resultado de ambas opciones es el mismo; pero en el primero solo hay gusto por ganar con certidumbre mientras que en la segunda opción primero hay un dolor de pérdida y es aquí donde tu mente te juega en contra y te pone una cierta resistencia, donde quizá no tomes la opción por la aversión a la pérdida con todo y que al final ganarías más.[1]

En resumen, la Teoría de prospecto habla de las posibilidades y probabilidades de que algo suceda en el futuro y del proceso cognitivo o mental que ocurre en los humanos para anticipar un resultado futuro.

En un estudio realizado en las Olimpiadas de Barcelona en 1992 por la *American Psychological Association*, compararon a los ganadores de medallas y los impactos psicológicos de ganarlas.

El estudio recopiló videos de todas las ceremonias de premiación, así como el momento en donde se anunciaba la posición después de la participación, en especial a los ganadores de plata y bronce.

Imagina las reacciones de los atletas cuando, después de correr su mejor evento, se enteraron de haber ganado o perdido por 0.1 de segundo.

Los videos después fueron mostrados a un grupo de estudiantes a los cuales se les pidió que calificaran el grado de felicidad de los rostros en una escala del 1 al 10. Donde 1 es agonía y 10 un éxtasis total.

---

[1] https://boycewire.com/prospect-theory-definition-and-examples/

El estudio encontró que los medallistas de bronce estaban mucho más contentos en la ceremonia con una calificación de felicidad promedio del 5.7. Los medallistas de plata con una calificación de felicidad de 4.3.

La razón por la cual los medallistas de bronce estaban más contentos es que la medallista de plata tenía la expectativa de ganar la de oro y se sintió decepcionada al no llegar a la meta. Por otro lado, la medallista de bronce tenía la expectativa de terminar en cuarta o quinta posición, entonces el resultado excedió sus expectativas.

La decepción es el resultado de la diferencia entre lo esperado y lo obtenido, incluso si lo que recibes es mucho mayor de lo que tenías cuando empezaste.

Digamos que te comprometes a perder peso, diez kilogramos en los próximos seis meses. Si al término de los seis meses solo has perdido siete kilogramos sentirás decepción, pues viendo las cosas objetivamente estás siete kilogramos abajo del peso con el que empezaste. En el caso de los medallistas, la que obtuvo plata siente que perdió el oro, la que obtuvo bronce siente que se coló al podio.

La teoría de prospecto habla de cómo prefieres la certidumbre antes que el riesgo, siempre y cuando no pierdas. Al perder estás dispuesto a arriesgar más de lo que estarías dispuesto a arriesgar por ganar, en ocasiones, incrementando las pérdidas como en el ejemplo del apostador, pero esto sucede en el día a día y lo usan tanto políticos como vendedores y empresas de *marketing* para activar esa conducta automática de tu mente en donde tienes aversión a la pérdida y arriesgas más para no perder.

Es el caso de un vendedor que te hace sentir escasez en aquello que estás buscando, cuando por fin consigue exactamente lo que estás buscando, el no comprarlo se sentirá como una pérdida.

El político que te dice que con la nueva ley que están aprobando se salvaran ocho mil vidas (de diez mil). O sea, se salvarán el 80 % de digamos niños enfermos de cáncer, donde se hizo un contrato millonario con una farmacéutica para tratarlos. Si, en cambio, en su discurso dijera que dos mil niños no recibirán tratamiento y morirán, ¿cómo te haría sentir la noticia?

Si en el caso de la legislación para tratar y curar a los niños con cáncer, tuviéramos un tratamiento nuevo todavía en proceso de investigación, pero más barato y con la posibilidad de salvar más niños, pero a la vez con la posibilidad de perder más niños.; digamos que hipotéticamente el tratamiento experimental puede salvar hasta el 95 % de los niños con el riesgo de perder al 45 %, ¿cuál opción tomarías?

Salvar al 80 % de los niños.

A lo mejor salvar al 95 % de los niños.

A lo mejor perder al 45 % de los niños

No salvar al 20 % de los niños.

Como ya habrás notado las opciones se repiten, la 1 es igual a la 4, y la 2 es idéntica a la 3. Pero el puro hecho de plantearla de diferente manera te trae diferentes sentimientos en cuanto a las opciones.

Por un lado, si eres humano, escoger una opción no es fácil, pues nadie quiere perder o dejar morir niños. Si pudieras salvarlos a todos estoy seguro que lo harías y, por el otro lado, plantear el problema y la decisión tomada a un público tampoco es cosa fácil.

No hay una respuesta correcta, no te sientas mal si decidiste no salvar a 20 % de los niños por tener certidumbre en la decisión. Es lo que la mayoría de la gente decidiría si se enfrentara con esta disyuntiva, porque el perder menos con certidumbre es lo que tu mente inconsciente busca. Ahora que, sí escoges una opción, siempre pensarás que hubo una posibilidad de haber escogido la otra.

Vas a comer a un restaurante en donde el menú te presenta opciones de entradas, platos fuertes, postres, bebidas y no falla que al recibir tu comida te preguntas si habrá sido la mejor opción. "Lo que pidió Dani, que está enfrente de mí, se ve delicioso, ¿habré cometido un error?", piensas.

Siempre que piensas así, deberías pensar que si la persona con la que estás comiendo te ofreciera hacer un intercambio, ¿lo harías? Es más fácil decidir intercambiar lo que pediste mientras no ha llegado, se vuelve un poco más difícil al recibirlo y tenerlo enfrente de ti, y casi imposible si ya lo probaste y té gustó.

Considerando que el compartir no es posible, porque claro que lo mejor sería compartir ambos platillos, más una ensalada y postre. Tu mente, después de que tú has tomado una decisión, te ayudará a convencerte de que la decisión que tomaste es la correcta, sobre todo cuando lo que decidiste involucre obtener un bien de consumo, algo que ya es tuyo para tu uso y disfrute.

A esto se le llama Efecto Dotación y es parte de la Teoría de prospecto, también llamada teoría de Perspectivas, porque tiene que ver con la perspectiva que tienes de las cosas. Al cambiar cómo percibes un objeto o un bien, también cambia el valor que le das al mismo.

Efecto dotación

Es la manera en cómo las personas atribuyen más valor a las cosas por el simple hecho de poseerlas. El efecto se muestra de dos maneras principales: en un paradigma de valor donde van a tender a pagar más por retener algo de su propiedad que para obtener algo que no les pertenece, incluso cuando no haya motivos para el apego, o si el objeto se obtuvo hace tan solo unos minutos.

En el estudio llevado a cabo por Thaler (1980) se demostró cómo el precio más bajo en que los consumidores deciden dejar ir algo (precio de venta) que les pertenece es considerablemente mayor que el precio en el cual estarían dispuestos a adquirirlo (precio de compra). Por ejemplo, se encontró que en promedio las personas que obtuvieron un permiso de cacería en treinta y un dólares no estaban dispuestos a venderlo por menos de ciento cuarenta y tres dólares.

Esta brecha entre el valor de compra y el valor de venta es el efecto dotación. Las personas, en general, dotan de un incremento en el valor de un objeto por el simple hecho de tenerlo.

En otro estudio, se le dio la posibilidad a un grupo de fanáticos (de manera individual) de comprar una entrada a un concierto muy popular donde ya estaban agotadas las entradas. Al preguntarle a los participantes el precio que estarían dispuestos a pagar por dicha entrada, el valor promedio oscilaba en los trescientos dólares. El valor de taquilla de la entrada solo era de cien dólares.

Después de tan solo unos momentos de tener posesión de la entrada, se les ofreció recomprarles la entrada, pero ahora el valor que le dieron a dicha entrada era de en promedio quinientos dólares, cuando solo momentos antes habían establecido un valor de compra de hasta trescientos dólares y ahora podrían tener la posibilidad de vender con una ganancia del triple. Trescientos dólares simplemente ya no era lo suficientemente atractivo.

La razón del incremento de valor que le damos a un objeto por el solo hecho de poseerlo se da por la aversión a la pérdida. Algo que ya consideras tuyo, vale más porque no lo quieres perder, ya es tuyo.

Sesgo del escalamiento de compromiso

Este sesgo es típico cuando pones en una balanza todo lo que has hecho por una decisión tomada, todo el trabajo, el dinero y el tiempo que has invertido en cualquier compromiso. Al hacerlo, le das mayor prioridad al compromiso de esa decisión, incluso si sabes que la decisión es equivocada. Es muy común verlo en relaciones destinadas al fracaso, pero las personas se quedan en esas relaciones por todo lo que han invertido.

Negocios malos que siguen exprimiendo al inversionista, capaz y el negocio no es el problema sino la manera de operarlo, el liderazgo, el mercado meta, etc. Con este sesgo pensamos en todo el dinero que ya invertimos en ese camino específico y nos convencemos de que es el correcto.

Cuando un estudiante se da cuenta que su pasión no es ser abogado y que en realidad quiere ser arquitecto músico, médico o carpintero, si ya tiene digamos dos años en la carrera de Leyes, se vuelve muy difícil tomar la decisión de dejar la carrera o de cambiar de carrera, tanto por el sesgo de escalamiento de compromiso, como también por el efecto dotación en donde piensas no solo todo lo que ya invertiste sino los conocimientos, las calificaciones, contactos o lo que sea que ya posees.

Búsqueda del *confort* de la decisión tomada

Hay otro aspecto importante que tenemos que considerar; cuando tomas una decisión hay un desgaste cognitivo, es decir, es cansado tomar decisiones. Entre más factores existan por considerar, más difícil es tomar una decisión, y si bien vamos a ver exactamente qué pasa cuando estás tomando decisiones y por qué decides de la forma en cómo decides en el capítulo diez, necesitamos entender un proceso de la mente humana que ayuda a esa maña de todos los humanos a querer quedarnos igual.

Después de tomar una decisión difícil, no quieres volver a pensar en los factores que tuviste que considerar, pues implica trabajo mental y desgaste, cansancio para tomar otras decisiones posteriores.

Como sabes, la mente humana busca guardar energía para cuando esta sea necesaria. En la toma de decisiones no es diferente y una vez tomada la decisión para no tener que pensar conscientemente en si fue buena, mala o más o menos, la mente inconsciente te ayuda a generar pensamientos positivos sobre la decisión tomada.

¿Cuántas veces no has escogido algo de ropa, o una marca de coche, un reloj, una escuela, un diseño en específico y te has dicho "entre más lo veo, más me gusta"?

Escoges algo que estudiar y entre más tiempo pasa, más te convences que es lo mejor. Compraste el auto azul, pero no estabas completamente convencido hasta que ya era tuyo; ahí te convences de que fue la mejor decisión.

Resulta que hay una falta de armonía cuando estás tomando una decisión; imagina que quieres comprar un auto usado y después de mucha consideración llegaste a dos opciones: un Honda y un Chevrolet.

Ya los manejaste ambos y los dos tienen características que te gustan mucho, también tienen características que no te gustan, pero no son las mismas y eso genera que la decisión sea difícil. "Me gusta el color de uno por fuera, pero los interiores del otro son mejores; tiene menos kilometraje uno pero el otro tiene mejores llantas", meditas.

Cuando por fin decides y compras el Honda, esto no quiere decir que todas esas características buenas del Chevrolet automáticamente desaparecieron, siguen existiendo; pero cada vez que pasas en la calle al lado de un Chevrolet como el que pudiste haber comprado piensas en las características negativas de esa opción. "Ya por dentro se veía viejo, le hubiera tenido que cambiar las llantas, la verdad que no está tan bonito como pensé".

Como las características buenas y malas de las opciones no son directamente comparables, es más difícil tomar una decisión, lo cual genera la falta de armonía en la toma de decisiones y se le conoce como disonancia cognitiva. Y es esa disonancia o falta de armonía donde justificas haber tomado la mejor decisión.

Tu mente, inconscientemente, genera esos pensamientos negativos de la decisión no tomada e incrementa los pensamientos positivos de la decisión tomada. Esto para evitar el estrés de pensar que a lo mejor te equivocaste, cuando lo más seguro es que no había una decisión correcta o equivocada, simplemente había opciones.

Hoy vivimos en un mundo lleno de opciones para todo lo que hacemos en el día a día, ¿cómo encuentras una pasta dental, un cereal o una leche entre las más de doscientas opciones que hay en un supermercado? La mayor parte de las personas escogen un tipo de leche, pasta dental, champú y demás cosas necesarias para el día a día y deja de tratar de escoger, incluso cuando salen opciones nuevas porque ya decidiste una vez, no necesitas seguir decidiendo.

Statu quo

"Estado de las cosas en un determinado momento". La clave de la definición está en la parte que habla de un momento.

Imagina un río, el agua está en constante movimiento, de querer pensar en un statu quo de un río sería detener el momento como al tomar una fotografía. De lo contrario, el río varía constantemente, no es la misma agua, no tiene el mismo caudal, profundidad, claridad, etc., aunque a simple vista así parezca.

Tu vida es como un río, y es constantemente cambiante, ahora imagina que eres tú quien está flotando en un río, donde la corriente te quiere empujar. Por todos los aspectos psicológicos que acabamos de ver, estás trabajando constantemente por mantenerte en lo que a tu punto de vista es donde estás, de estar en un río estarías remando constantemente y desgastando energía para permanecer estático o lo más parecido a estático posible.

La gente escoge planes de retiro y, una vez escogido el plan, se olvida y confía en que la decisión fue acertada, mientras que el mundo financiero cambia y surgen nuevas opciones y oportunidades, más cuando estás confiando una entidad financiera para resguardar e invertir tu dinero.

Lo mismo ocurre cuando contratas un seguro de gastos médicos. Si eres una persona meticulosa, lo más seguro es que hayas hecho tu tarea, y hayas considerado todas las opciones que las diferentes compañías ofrecen; los deducibles, cómo tratan los distintos tipos de enfermedades, en qué hospitales, cuáles doctores, etc. Y ya que decidiste, contratas y te olvidas.

Las compañías de seguros, así como las compañías médicas cambian de dueño, se asocian, son absorbidas por conglomerados más grandes, cambian de nombre y, sobre todo, cambian de planes y de oportunidades. También, a través de los años cambiarán tus necesidades médicas, lo que te importaba entre tus veinticinco y treinta años no será lo mismo que te importe cuando llegues a los sesenta, pero la gran mayoría de la gente se casa con una compañía de seguros, con un plan, por toda su vida.

Es una estrategia típica de *marketing* que te ofrezcan cosas gratis, como una suscripción a una revista, la cual recibirás mensualmente gratis por tres meses; si no la cancelas, te seguirá llegando, pero empezarás a pagar por ella. Por el puro hecho de estar acostumbrado y de no molestarte en cambiar una decisión seguirás recibiendo una revista que no lees.

Lo mismo sucede con las suscripciones a aplicaciones en tu teléfono y/o computadora. Un día, para arreglar una foto, bajaste una aplicación para editar digitalmente tu foto o para ponerle subtítulos a un video. Te das cuenta que para poder hacer lo que pretendes tienes que pagar la suscripción, pero te ofrecen tres días de prueba gratis, así que decides comprarla y editar tu foto o video. Seis meses más tarde te das cuenta que estás pagando una suscripción que no usaste más que una vez, por no tomarte el tiempo de cancelarla.

Y no te preocupes, no eres el único. Yo durante las elecciones de Estados Unidos del 2016 bajé la aplicación del *New York Times* para poder leer lo que ocurría y cómo progresaba. Resulta que pagué quince dólares mensuales por tener acceso a una información que hacía cuatro años no aprovechaba hasta que la cancelé con las siguientes elecciones de Estados Unidos, y eso que recibía por correo electrónico la notificación del pago mensual, pero en mi mente era muy valioso poder tener acceso a un periódico tan importante, aunque no la utilizara nunca o casi nunca.

Te ofrecen una oportunidad de trabajo, en donde ganarás 20 % más de lo que ganas ahora con menos horas de trabajo, pero la rechazas porque te tendrías que mover a una ciudad diferente y aquí vives muy a gusto.

Piensas lo que tienes en tu trabajo, en todo lo positivo, las amistades, la comodidad de estacionarte, la cafetería de la esquina, etc., y no quieres perder eso. Tampoco quieres perder el poder estar cerca de tus seres queridos que viven en esta ciudad, buscas todas las razones posibles para no tomar una decisión mejor para ti en muchos aspectos pero que implica un cambio.

A la emprendedora le sucede igual, dejar un trabajo seguro, con un sueldo mensual, con garantías y prestaciones, para ver si pega un negocio.

Cuando quieres cambiar tu cuerpo, ya sea pérdida de peso, generar músculo o ambas, lo más difícil no es adoptar nuevas actividades en tu día a día como ir al gimnasio, lo más difícil es la sensación de pérdida en la dieta. "Ya no voy a poder comer donas", "ya no voy a poder salir con mis amigas" y la asociación de hábitos como él "no puedo disfrutar del cine sin palomitas de maíz o "no puedo disfrutar de una salida con amigos sin cerveza y sin pizza".

Es más fácil adquirir nuevos hábitos que dejar ir hábitos viejos que ya no sirven en quien te quieres convertir. Vale la pena mencionar que, para generar cambios duraderos y sostenibles, no es necesario dejar las comidas que nos gustan, es cosa de aprender a comerlas sin exceso, pero ese es otro tema.

La realidad es que todo cambio es difícil porque mientras tu mente consciente puede saber exactamente qué es lo que necesita hacer para cambiar y mejorar, tu mente inconsciente prefiere el *statu quo*. Tu mente inconsciente es la que sufre de la programación ancestral y la que busca la supervivencia a través del *confort* y seguridad de no cambiar.

La paradoja está en que el mecanismo que tenemos para asegurar nuestra supervivencia es el mismo mecanismo que nos mantiene estáticos. También es el mismo mecanismo que nos mantiene con la creencia de que hay una solución mágica a todos nuestros problemas, un secreto que cuando lo descifremos todo será más fácil.

Ese secreto es entender qué sucede en tu mente, porque al generar conciencia de tus acciones aumentas el control que tienes sobre esos comportamientos.

"Cuando te sientas como se siente una persona cuando se para en un precipicio y conscientemente sepas que lo que estás a punto de hacer es para tu bien, aviéntate".

En este capítulo hablamos de lo que sucede en tu mente y el por qué de esa maña de querer quedarte igual, mientras que el quedarse igual implica, la mayor parte del tiempo, más trabajo que cambiar para mejorar.

Existen ciertos procesos mentales y cerebrales que buscan seguir igual, es más cómodo seguir así, y es más cómodo programar tu mente para esa comodidad y para mantenerla. En el capítulo que sigue vamos a ver estos procesos pero enfocados en la manera en cómo ves el mundo, porque como lo ves... es.

V LOS LENTES CON LOS QUE VES EL MUNDO

"Lo importante no es lo que ven tus ojos sino lo que ve tu mente, la forma en como percibes el mundo crea tu mundo".

MN

Todo lo que vemos proviene del exterior, pero el cómo lo entendemos e interpretamos proviene de nuestro interior. Como ya hemos visto, nuestra genética, cultura y experiencias pasadas moldean unas gafas que filtran todo lo que sucede a nuestro alrededor y genera nuestra forma particular de interpretar el mundo.

Lo que tus cinco sentidos perciben, tu mente lo interpreta de acuerdo con esos filtros; entonces, hay que ser consciente que nuestra capacidad de juicio está condicionada por factores que, en la mayoría de los casos, no podemos controlar. Nuestra capacidad de interpretación de lo que sucede no es más que eso, una interpretación, pero no la verdad absoluta.

El mundo plano

Imagina un mundo de dos dimensiones, muy parecido a lo que puedes escribir o dibujar en una hoja de papel, en donde todos los habitantes son figuras geométricas, y el estatus no depende de títulos ni de dinero sino de la complejidad de tu figura.

Por ejemplo, una línea, es la figura más básica, le sigue un triángulo, después un cuadrado y así al aumentar los lados, pentágono, hexágono, etc. Va aumentando la complejidad y el estatus.

El círculo, al ser una figura sin lados y sin ángulos, se convierte en la figura más compleja y de más estatus en este mundo, donde las otras figuras lo respetan y hasta rinden tributo.

Su casa y sus edificios son de dos dimensiones, entonces todos los lados de las casas son paredes. Si dibujas una casa en un papel y le pones techo, este solamente será otro lado de la casa pues no hay forma de que esté encima.

Los habitantes del mundo plano no pueden ver como tú y como yo hacia arriba o hacia abajo, porque no hay arriba y abajo; solamente existe un plano con diferentes direcciones.

Para reconocer a los otros habitantes se basan mucho en el tacto; al tocar a otra figura geométrica automáticamente saben qué tipo de figura es. Por otro lado, para reconocer a un círculo a lo lejos, si bien parecerá una línea, los dos extremos de esta se irán viendo cada vez más claros, o sea, más lejos.

Un día, al estar dentro de su casa nuestro protagonista, un cuadrado empieza a escuchar una voz que le habla, lo saluda y le quiere explicar quién es. El cuadrado, al no poder ver ni tocar a nadie, piensa en algún truco o broma y se torna sumamente incrédulo.

La voz le describe su casa y lo que el cuadrado hace al momento como si lo pudiera ver; esto causa más sorpresa y, por ende, mayor incredulidad de lo que dice la voz.

Cuando finalmente hace su aparición la voz, nota que se trata de un círculo, y como los círculos son la clase social más elevada, el cuadrado se torna respetuoso y empieza a preguntar con mayor tacto.

Al aparecer este círculo como de la nada, pareciera como si su tamaño hubiese ido aumentando de a poco como por obra de magia.

Resulta que este círculo, en realidad es una esfera y no pertenece al mundo plano sino a un mundo de tres dimensiones. A lo que la esfera explica que no es que cambie su tamaño sino simplemente entra y sale del plano en donde el cuadrado vive.

Cuando desaparece por completo, simplemente está fuera del plano y, por ende, fuera de vista. Al poder ver en tres dimensiones, logra ver el interior de la casa del cuadrado, incluso todo lo que guarda en el equivalente a cajones y gavetas.

La esfera intenta explicarle con palabras y demostraciones lo que es y lo que significa un mundo de tres dimensiones, pero el cuadrado no lo entiende, no lo puede visualizar de ninguna manera; imagínate, no puede ni siquiera entender arriba y abajo.

Ante la frustración de la esfera, comete un acto impensable que es arrancar al cuadrado de su plano de dos dimensiones y enseñarle cómo se ve el mundo de tres.

En su libro *Flat land*, Edwin A. Abbot cuenta la historia del cuadrado y de la esfera. Y termina contando cómo el cuadrado descubre también un mundo de solo una dimensión y la búsqueda incansable de una cuarta.

En esta increíble historia, se nos presenta un gran ejemplo de perspectiva; ves el mundo solo a través de los ojos o lentes que tienes, y cuando alguien te da otros lentes y te quiere mostrar el mundo de otra manera, lo rechazas, y entra a hacer su labor esa resistencia al cambio que vive contigo cuidándote de los peligros que ese cambio conlleva.

Tenemos una resistencia natural a ver el mundo de una manera distinta a como lo venimos viendo desde que nacimos. Lo que ya crees que es, se vuelve casi imposible que lo cuestiones.

"Esta es la manera en que los humanos son; cuestionamos todos nuestras creencias, excepto aquellas que de verdad creemos, y esas nunca pensamos en cuestionarlas".
ORSON SCOTT CARD

Tu mundo está regido por reglas, leyes y parámetros que nos rigen a todos. No te vas a poder escapar de caer de un precipicio solo por decir que no crees en la ley de la gravedad, pero a lo mejor por esa misma ley y tu miedo al cambio te hagan sentir que es imposible escalar una pared de piedra, lo cual para un escalador en roca experto será cosa de todos los días; es más, tienen rangos de dificultad dependiendo de las características de la pared de piedra. Seguramente, esta no será de las más difíciles, pero desde tu perspectiva es imposible.

Tu perspectiva no se rige solamente por aquello que percibes con tus sentidos sino por tus experiencias pasadas y conocimientos actuales. Nunca has escalado en roca, no sabes que hay zapatos especiales que se adhieren más, técnicas para posicionar tu cuerpo, tus manos y tus pies, aparte de equipo específico, el cual hace más seguro al deporte , así como ejercicios de fortalecimiento y mucho más.

"No sabes, lo que no sabes".

En un mundo en donde la información está al alcance de los dedos en segundos, sigue siendo impresionante la falta de conocimiento que tenemos sobre ciertas cosas; es más, muchos autores escriben de cómo la abundancia de información genera más ignorancia.

Al no saber, no entendemos y al no entender, ni siquiera preguntamos. Al tomar una decisión, dejas de pensar y solo buscas confirmación sobre la decisión ya tomada. Así sucede cuando no sabes y generas un juicio sobre lo que no sabes, como el considerar imposible escalar una pared de piedra.

Buscas inconscientemente confirmar el juicio que ya tomaste, deshechas información que te pueda convencer de lo contrario y, por ende, no cambia tu perspectiva de ese muro de piedra. Por ejemplo, si comes puras donas, puedes bajar de peso, no lo recomiendo pues tendrás déficit de nutrientes, pero si comes menos calorías de las que quemas día a día, en teoría puedes bajar de peso solamente alimentándote con donas. Seguramente, no lo crees o no lo creerías antes de leer esto.

La perspectiva

Desde niño, disfruté mucho de la natación, yo creo que desde que aprendí a no ahogarme, hasta que empecé a aprender técnicas y empecé a competir. Durante la mayor parte de mi infancia, practiqué la natación y regresé cuando estaba en la universidad como parte de mi entrenamiento de triatlón.

Justo ahí fue que le tomé un cariño especial a la natación de aguas abiertas y he participado en diferentes competencias que se darrollan en mar, lagos y ríos. Parte importante de la natación en aguas abiertas es lo bien que puedas orientarte y, para ello, a cada tanto levantas la cabeza hacia el frente y buscas las boyas que marcan la ruta.

No es lo más fácil porque al estar dentro del agua, por más grandes que sean las boyas, parecen pequeños puntos naranja o amarillos a lo lejos, y si estás en el mar, con un poco de olas las puedes perder de vista muy fácil.

Si en cambio, estás sentado en un *kayac* o una tabla de *surf*, las puedes ver sin problemas, y si estás un poco más arriba parado en la tabla de *surf*, o quizá incluso más arriba en la borda de un barco, ves todo mucho más claro. Incluso, desde los barcos puedes ver cómo los nadadores pierden el rumbo muy fácil y hasta pareciera que van haciendo zigzag todo el tiempo compensando el rumbo, y esto sin tomar en cuenta el viento o las corrientes.

Lo cierto es que entre más arriba estás, mejor será tu perspectiva; en el agua no puedes ni ver la siguiente boya, aunque esté a dos o tres metros de altura. En un barco, ves todas las boyas, la salida y la meta. Pero si sigues subiendo, pierdes la perspectiva del que está cerca, por ejemplo, a cinco o diez metros ya no percibes igual las olas, mucho menos de un helicóptero a trescientos metros de altura, aunque desde ahí podrás ver mucho más lejos.

Ahora piensa en niveles de vida; una niña de diez años tiene una perspectiva muy diferente a una niña de catorce o una de seis años. Ven la vida de manera muy diferente; sus problemas, gustos, metas, motivaciones. La diferencia en cómo ven las cosas es su edad.

Si hablamos de algún deportista, como un escalador principiante ve las montañas muy diferente a cómo las ve un escalador experto con años de experiencia. De la misma manera, un escalador que ya llegó a la cima de una montaña específica ve esa montaña bastante distinta a cómo la ve el que no ha llegado aún, sin importar su nivel de experiencia o habilidad.

Sir Edmund Hillary hablaba de que solo el que ha llegado a la cima sabe lo que hay ahí arriba, y no importa qué tanto te platiquen o te describan lo que hay, si no lo has experimentado, nunca podrás saber exactamente qué es estar en una cima específica.

Todo lo que llegas a hacer en tu vida no tienes forma de saber lo que es, hasta que ya lo experimentaste. Es diferente el concepto de la experiencia, y la experiencia es muy difícil de conceptualizar.

Si te empiezo a platicar de la sensación de estar dentro del agua, la sensación en tu cuerpo, la diferencia de temperatura, la sensación en tu cara y en tus pulmones, el impulsarte dentro del agua y sentir cómo te desplazas y cómo hasta tu cabello se mueve en sentido contrario de donde te mueves, puedo generar en este momento que pienses lo que se siente estar en el agua, y lo haces desde la memoria.

Si nunca lo hubieras hecho, no sabrías qué se siente y quizá solo podrías repetir lo que alguien más ha dicho de la sensación de estar en el agua.

Nadie sabe realmente qué es tener una experiencia como nadar en el mar hasta que la tiene, sin importar cuánta información tengas al respecto.

Regresando a la perspectiva, piensa en un gran reto que tienes, algo que te quita el sueño. Ese mismo reto que para ti es muy grande, para una persona que ya pasó por ahí y ya resolvió algo similar no lo verá tan difícil, aunque teniendo la memoria de cómo llegó a resolverlo, hable de lo difícil que fue. El mismo reto para una persona que ha llegado a cumplir retos similares más de una vez lo verá como algo más sencillo.

Por ejemplo, un agente de bienes raíces que está por cerrar su primera venta, tiene que aprender del mercado, de leyes, de formas de pago, de contratos. También tiene que lidiar con contadores, abogados, notarios, bancos, clientes y todo lo que eso conlleva.

En cambio, un agente experimentado que no solo lo ha hecho una vez sino decenas de veces, ya entiende el proceso, y por más que no sea experto en leyes ni contabilidad, tiene un cierto entendimiento y el poder entender cómo funcionan las cosas hace toda la diferencia del mundo

Del entendimiento

Es muy difícil explicar qué es entendimiento, porque cuando entiendes cómo funciona algo, simplemente ya lo entiendes, y cuando no, tú asumes que sí lo entiendes porque lo has escuchado o te lo han platicado.

Es como el ejemplo del agua, si nunca has visto el mar y, en consiguiente, no has nadado entre las olas, yo te puedo platicar lo que se siente, y lo vas a comparar con tus memorias, por ejemplo, la memoria de refrescarte la cara con agua, meterte a una tina, el nadar en una alberca, el sonido y las imágenes del mar que has visto antes. Pero en ninguna de estas memorias estará completa la experiencia de estar en el mar, de correr por la arena donde rompen las olas, de la sensación entre tus dedos, ¿y qué me dices del olor?

Si ya lo has hecho, basta con que te diga "huele a mar" para que me entiendas, pero si nunca has ido a la playa, tan solo pensarás en cosas como el olor a mariscos en un restaurante con quizá olor a salado. Pero, en realidad, no sabrás lo que se siente exactamente. Pero tú, en tu mente, estarás segura de que sí sabes de lo que estoy hablando.

Y este es un ejemplo sumamente sencillo, pero así funciona llegar a todas las metas que te puedas imaginar. Para un atleta, la pérdida de peso no es importante, para una mujer con sobrepeso, sí. Para un físico culturista que manipula su cuerpo por estética o un boxeador que pierde y gana peso para entrar en la categoría, es muy fácil. Al tener libertad económica, una vez que la logras, verás muy fácil generar más fuentes de ingreso, invertir y ver otras oportunidades, si siempre has tenido un sueldo, será como nunca haber visto el mar. Así también las relaciones, si solo has tenido relaciones dependientes y tóxicas, nunca entenderás a la pareja de viejitos que envejecieron juntos.

Así funcionan los deportes, los trabajos e incluso las personas, a quienes no puedes entender cómo tratar hasta que no las tratas. Así funciona la vida y el mundo y, en ocasiones, los cinco sentidos no son suficientes para entender el mundo, ya que recibes información todo el tiempo y en todo momento; es imposible procesarla y entenderla toda.

El primer paso es entender que no entiendes todo y que, aunque pienses que entiendes, es posible siempre entender mejor, entender más y entender diferente.

Sistema de Activación Reticular (SAR)

Cuando yo era niño, jugábamos a que el primero que viera un Pacer, un auto muy raro que salió en los setenta, podía darle un golpe en el brazo al compañero. Hoy mis hijos juegan de la misma manera con el VW Sedan, que cada vez hay menos.

Cuando estás jugando este juego, estás muy alerta de ver este tipo de coches. Lo mismo pasa cuando decides que vas a ponerle de nombre "Sofía" a tu hija y, de repente, lo escuchas por todos lados. A mí me pasó, según yo no era un nombre muy común y me di cuenta que había más Sofías de las que yo pensaba.

Nuestros cerebros son increíblemente complejos. Podemos recibir miles de millones de *bits* de información en un momento. Y, de alguna manera, para no hacer corto circuito o sobrecargar nuestras mentes, organizamos esa información.

EL SAR es un conjunto de nervios en la base del cerebro que filtra la información innecesaria, de tal forma que solo los datos pertinentes o necesarios pasan.

¿Has estado en una reunión o fiesta llena de personas hablando de diferentes cosas, música, ruidos diversos y, de repente, escuchas tu nombre entre el barullo y pones atención?

El SAR toma esas cosas en el foco de tu mente y crea un filtro, entonces de toda la información que recibes solamente te presenta esa información que es importante para ti. Lo mejor de todo es que esto sucede sin que tú te des cuenta o, por lo menos, sin que te des cuenta de manera consciente.

El SAR trabaja para ti y en tu favor sin que tú te des cuenta, de la misma manera busca validar tus creencias y genera parámetros para solo escuchar o ver aquellas cosas que tú crees verdaderas.

El SAR trabaja en tu mente inconsciente, la misma que tiene mucho mayor capacidad de administrar información, pero es programado por ti; es decir, si tú crees que eres malo para los nombres, seguramente serás malo para recordar nombres.

¿Te has escuchado decir cosas como...?

Yo soy malo para los números

Soy muy desorganizada

No se me dan los deportes

Yo soy sumamente eficiente

Soy muy buena para los números

Tu SAR, programado por tu forma de pensar, o sea por tus creencias, alimentará dichas creencias con sus filtros y parámetros de filtrado y esto influenciará tus comportamientos.

Muy similar al algoritmo de Google, Facebook, Instagram, etc., que aprenden de lo que te gusta ver y solo te muestran ese tipo de información.

Regresando un poco al tema del entendimiento, si tú crees que entiendes algo, como nutrición, generación de riqueza, tu cuerpo, tu mente, dinero, comida, oportunidades, etc.; lo más seguro es que tu SAR esté buscando confirmar tu creencia de cómo funcionan las cosas y, por ende, replicando y recreando todos tus resultados, manteniéndote en ciclos.

¿Ahora entiendes por qué si no amplias tu entendimiento de las cosas, nunca cambiarás tus niveles de logro? Una persona que gana quince mil pesos mensuales, es decir ciento ochenta mil pesos al año, tiene un entendimiento del dinero muy diferente a aquella persona que gana el doble, y muy diferente a aquella persona que gana un millón de pesos al año.

Y aquí es donde se pone interesante, porque si tú crees que un millón de pesos es poco o mucho, va de la mano con tus creencias y tu entendimiento. Hay gente que gana un millón de pesos al mes y gente que gana un millón de pesos a la semana, también hay gente que lo gana al día.

Y si al leer esto, lo primero que pensaste fue algo así como:

Ah, claro, pero ellos heredaron

Ah, claro, pero ellos roban

Ah, claro pero ellos tuvieron suerte

Ah, claro pero ......

Tu SAR está buscando justificar tu falta de entendimiento de cómo ganar esas cantidades de dinero y de las oportunidades de ganarlo, porque hay muchas posibilidades de poder llegar a esos niveles de ingreso. No te quiero decir que es mágico y solo necesitas verlo; requiere trabajo, compromiso y paciencia, pero tendrías que empezar por entender lo que no entiendes y que existe la información y es posible desaprender y reaprender lo que decidas.

Lo mismo pasa con la dieta, tus problemas de pareja, las diferencias con tus hermanos y, básicamente, todo en tu vida. Es por ello que la manera más fácil es modelando el éxito de otros, aprendiendo de los tropiezos de otros y manteniendo una mente de principiante, con esa humildad de no conocer, de no saber, de no entender.

Mente de principiante

Cuando eres novato en algo, tu mente está abierta a todo aprendizaje, quieres más y más información, más y más práctica para entender mejor cómo funciona la actividad o sistema que estás aprendiendo.

No te importa equivocarte porque entiendes que eres principiante, y sabes que la gente te ve como principiante; fracasas y te levantas, preguntas, lees, investigas, entrenas.

Muy parecido a cómo actúa un niño; todo es tan nuevo para las infancias que siempre están esperando ser sorprendidos con cosas nuevas, están siempre motivados y abiertos a aprender.

Lo malo empieza cuando pensamos que somos buenos para algo, cuando sabes o te crees experto en algo, pues tu mente se cierra, crees saberlo todo y cuestionas a cualquiera que pretende saber más que tú. Y, la verdad, es que sin importar cuánto sepas, siempre puedes seguir aprendiendo.

Actitud

Parte importante de la perspectiva que tienes del mundo es tu actitud. El mundo no es bueno ni malo, tu vida no es buena ni mala, simplemente es. Tú eres la persona que decide si tu vida es vista como positiva o negativa.

Tus condiciones y circunstancias actuales no determinan, de ninguna manera, tus condiciones y circunstancias futuras, a menos que estés atorada en culpar a tu pasado por tu presente y perpetuarlo hacia el futuro.

En la introducción te hablé de la queja y de cómo tenemos la mala costumbre de quejarnos de todo lo que no somos y todo lo que no tenemos, sobre todo, buscando un culpable. Ni el mundo ni la vida tienen la culpa de lo que te ha pasado, simplemente te pasó.

Si tuviste malas experiencias, sin importar qué tan malas fueron, no puedes clavarte en ellas y pretender que la vida o el mundo es justo y que como ya viviste cosas malas, te tienen que empezar a llegar cosas buenas. Tienes que cambiar tu actitud primero.

La culpa puede ser de una persona mala, capaz y alguno de tus padres, hermanos, un novio, un *bully*, una persona cercana, una jefa abusiva en el trabajo, hasta algún abuso sexual, emocional o físico, incluso una gran pérdida.

Esto definitivamente no es tu culpa, y no tendrías por qué haberlo tenido que vivir, pero lo viviste y ya pasó, está en el pasado y la responsabilidad de dejarlo en el pasado y utilizarlo para tu beneficio es tuya y de nadie más.

El mismo vaso puede ser visto como medio lleno o medio vacío. También, un vaso lleno a la mitad es muy fácil de levantar y sostener, pero entre más tiempo lo sostengas frente a ti, más pesado se va a poner hasta llevarte a la fatiga muscular y tener que dejarlo caer. Así son las adversidades, pertenecen al pasado y si no las sueltas, te llevan a la fatiga emocional.

Tu actitud ante todos los acontecimientos en tu vida determina si son positivos o negativos, si aprendes de ellos o te hacen la vida imposible. Tu actitud ante las personas determina la actitud de las personas hacía ti.

Si crees que a tu alrededor hay puros idiotas depresivos, agresivos y groseros, quizá debas verte en el espejo y encontrarás todo aquello que te molesta en la gente a tu alrededor. Si, por el contrario, te encuentras rodeada de gente alegre, que sonríe a menudo, que le da gusto verte y a ti verla, capaz y también tiene que ver con lo que encuentres en el espejo.

> "El que se queja siempre encontrará cosas de las cuales quejarse y el que agradece, siempre encontrará razones para agradecer".
> MN

Pero por mucho que tengas una muy buena actitud positiva, siempre habrá obstáculos, siempre habrá retos que vencer y, entre más difícil se pone, más difícil es mantener la buena actitud.

Hace ya algunos años estaba terminando un curso de buceo en cueva con dos buzos que, además de tener ya mucha experiencia en aguas abiertas, habían hecho todos los niveles de cueva conmigo.

Terminando el curso, hicimos dos días de buceo recreativo ya sin ejercicios, solamente los estaba guiando para que disfrutaran de sus nuevas habilidades y, además, tomaran más experiencia. Como ya no me tenía que preocupar por sus habilidades y yo los iba guiando, decidí hacer buceos un poco más interesantes y divertidos.

El último día íbamos a entrar por un cenote y navegar por varias líneas fijas, las mismas que el protocolo indica que las tienes que unir con líneas propias y marcas de hacia donde está tu salida con flechas de plástico y marcadores personales.

Cabe mencionar, que todos los carretes y los marcadores están rotulados con mi nombre, por lo que es muy difícil no darse cuenta que son míos. Navegamos la cueva y, como yo era el líder, venía haciendo los saltos de línea y marcando cada conexión.

Para esto, te detienes. les enseñas a tus compañeros y les preguntas con la luz de una de tus lámparas si están de acuerdo en continuar. Al estar de acuerdo y comunicarlo, significa que lo tienen en mente y que saben cómo se hizo la navegación. Llegamos al punto en donde uní dos líneas fijas y les pedí que dejaran un marcador personal cada uno. Este era el límite de penetración de ese buceo y regresaríamos por el otro lado para recuperar nuestras líneas y marcadores.

Aquí la meta era dejar todo listo para salir por donde habíamos entrado, tomar la camioneta, irnos a otro cenote y, al bucear, encontrar nuestras marcas y salir por el cenote por el que habíamos buceado primero. A esto se le llama hacer una travesía y es muy divertido poder hacerlo, ya que uno nunca espera que las cuevas sean tan largas y complejas.

En fin, vamos al siguiente cenote, comemos algo y, mientras tanto, analizamos el mapa y les explico dónde están nuestros marcadores y lo que vamos a hacer. Todos estamos de acuerdo, nos preparamos, hacemos los protocolos de entrada y empezamos en buceo.

Como yo había sido el líder en el buceo anterior y me correspondía ir quitando los carretes y marcadores que, además, eran míos, yo iba en la tercera posición del equipo. Llegamos a la mitad, todo mundo recogió su marcador personal, nos miramos, estuvimos de acuerdo en seguir y así lo hicimos. Según el protocolo, en este punto medio se decide si tenemos suficiente gas en los tanques, tiempo y ganas, ya que estás cambiando la salida y no hay vuelta atrás.

Seguimos con el buceo y en el último carrete que estoy adujando, alcanzo a ver a dos buzos que van hacia otra cueva. Aquí la línea permanente de la cueva hace como una cuña que se alcanzaba a ver antes de llegar a mi marcador y flecha. Cuando llego a ese punto, mis dos buzos no están. Dictaba el protocolo que me tenían que esperar ahí. Pienso rápido y decido que eran los dos buzos que vi a lo lejos.

Mis buzos alcanzaron a ver la línea permanente, supongo con la confianza de que traen un guía o de que solo la tienen que seguir, se brincaron el final del carrete y el marcador. No lo vieron, no me esperaron, pero lo peor es que iban encaminados hacia un lugar de la cueva que no conocían y hacia el lado opuesto de la salida. Los alcanzo y con señales de mano les explico que están yendo en una dirección equivocada y uno de ellos me empieza a discutir qué no, que la salida está hacia dónde ellos van.

Es un momento muy difícil porque no hay forma de comunicación verbal, estamos en un espacio restringido, en un ambiente donde si te tomas mucho tiempo, lo más seguro es que se empiece a reducir la visibilidad y, aparte, es el final de buceo y cuentas con poco aire en los tanques.

Como pude los convencí, no quiero decir que los jalé de los pelos, pero estuve cerca. No sé qué habrán sentido al pasar y ver mi carrete aventado y mis marcadores personales, los cuales tenían que haber estado buscando y no vieron por brincarse la línea, más la cátedra combinada con sermón que les di al salir del agua.

Un pequeño incidente, una pequeña equivocación en un ambiente como una cueva inundada se puede convertir muy rápido en un accidente mortal. Según la estadística, las personas con más riesgo de sufrir un accidente dentro de una cueva inundada son aquellas que tienen mucha experiencia, pero no tienen entrenamiento específico para ese ambiente, justo como mis alumnos, quienes los dos eran instructores de aguas abiertas experimentados, y personas con entrenamiento específico en ese ambiente, pero con poca experiencia. Mis buzos caían en ambas categorías.

En los deportes de alto riesgo, se generan protocolos para evitar accidentes. Yo he sido instructor de buceo en cuevas por muchos años y en todos mis años involucrado en el deporte, he visto cambiar el equipo por avances tecnológicos, yo diría que un 10 %, pero ha cambiado el equipo y la forma de hacer el deporte en un 70 % gracias a un análisis en investigación de accidentes.

Esto implica que, cada vez que hay un accidente por un buzo dentro de una cueva, se hace un análisis completo de lo que sucedió y cómo sucedió. Por lo general, el accidente siempre se pudo haber evitado siguiendo un protocolo de seguridad, y esos protocolos de seguridad siguen cambiando continuamente para minimizar el riesgo.

Así se llegó a tener que bucear con dos tanques como mínimo, consumir un tercio del aire en el camino de entrada y un tercio en el camino de salida para conservar un tercio por seguridad, las líneas de vida, los protocolos de entrada y de salida, conciencia del equipo propio y el de tus compañeros, la redundancia no solo en el gas sino en las luces que llevas y en el equipo de medición, y muchos otros detalles que al final, para lo que han servido más que nada, es para evitar futuros accidentes. Las estadísticas prueban que estos protocolos, aunque tediosos y repetitivos, hacen el deporte mucho más seguro y con el riesgo inherente mucho mejor controlado.

Lo mismo veo que ocurre en aviación, en paracaidismo, en montañismo, escalada y hasta en ciclismo, que pareciera que no es necesario adelantarse a algún incidente, pero traes una llanta extra o parches, herramienta no solo para las llantas sino también para la cadena o un desperfecto. La cosa es que, incluso en bicicleta, te estás adelantando a los obstáculos.

Simon Sinek en su libro *El juego infinito* cuenta una historia de cómo él y un amigo participaron en una carrera de fin de semana y, al terminarla, se percataron de que estaban regalando *bagels*, pero había una fila enorme. Entonces él quería un *bage,l* pero su compañero solo veía la fila. La conclusión a la que llega es que hay dos tipos de personas, aquellas que ven lo que quieren y aquellas que solo ven los obstáculos.

Todas las enseñanzas de una industria motivacional y de crecimiento personal te dicen que visualices la meta, que veas lo que quieres, que te enfoques en el *bagel*. Y están en lo correcto; si puedes visualizar el resultado es más fácil llegar a él, pero si no visualizas los obstáculos, será muy difícil estar listo cuando estos aparezcan.

Por eso te cuento la historia de mis estudiantes de buceo en cueva. Si mis estudiantes hubiesen tenido la misma experiencia solos, primero creo que habrían estado poniendo más atención en las líneas y el rumbo, pero si aun así se hubiesen perdido, cuando se dieran cuenta de que no llegaban a la salida en el tiempo que habíamos estipulado, pondrían atención, se darían cuenta que estaban en un túnel o una cueva que no habían visto antes, hubiesen contado los marcadores que les quedaban y el carrete que nunca recogieron.

Y, cómo el buceo se hace con tercios del aire con el que empezaron, podrían haber tenido tiempo y aire suficiente para encontrar el rumbo correcto. Todo esto gracias a los protocolos, en otras palabras, el entrenamiento para adelantarse a los obstáculos que pueden aparecer. Sin ese entrenamiento, un pequeño error sin dudarlo puede representar una muerte segura.

Un boxeador no solo entrena para poder atacar a su oponente de diferentes maneras, sino que se entrena para cubrirse de los ataques y poder contraatacar. Esto es: aprende qué y cómo reaccionar a obstáculos que se le presentan y cómo utilizarlos a su favor.

No solo hay que visualizar la meta, sino adelantarse a los obstáculos. Si ya visualizaste la solución a los obstáculos que se presentan, será más fácil librarlos. Además, siempre hay oportunidad en todo, si no la encuentras es porque no la quieres ver, es decir, traes los lentes equivocados. Tus creencias estarán poniendo filtros limitantes. Por eso, es tan importante cuestionar nuestras propias creencias y las de los demás.

La influencia de la gente cercana y hasta en ocasiones de completos extraños es muy fuerte en nosotros, y no solo nos limita, sino que nos mantiene en una mediocridad auto prescrita. Si todo el mundo hace las cosas de una misma manera no es posible tener resultados diferentes a los de todo el mundo.

El siguiente capítulo se centra en la influencia de los demás, directa, indirecta y asumida. Todo proviene de la necesidad humana de ser social.

VI SER SOCIAL

"Nosotros los humanos somos seres sociales. Venimos a este mundo como resultado de las acciones de otros. Sobrevivimos aquí en dependencia de otros. Nos guste o no, es difícil encontrar un momento de nuestras vidas donde no nos beneficiemos de las actividades de otros. Por esta razón, no es sorprendente que la mayor parte de nuestra felicidad crezca en el contexto de nuestras relaciones con otros"
Dalai Lama XIV

En la introducción te presenté a Ötztli y de él aprendimos mucho de cómo está configurada la mente humana actual. También aprendimos por sus tatuajes y su vestimenta que pertenecía a una comunidad y por la calidad de sus herramientas aprendimos que tenía una cierta jerarquía alta en esa comunidad, lo que nos hace pensar que era una comunidad grande. Aparte de pertenecer a una comunidad, quizá pertenecía a algún clan y, seguramente, a una familia.

En el mundo hostil dónde vivió este personaje histórico era de suma importancia pertenecer y ser aceptado en un grupo de personas, antes que nada, para poder sobrevivir al medio y a todos los peligros a los cuales estaban expuestos. Primero, por protección, después por apoyarse en diferentes tareas para poder comer, tener refugios, procrear hijos, etc.

Por la jerarquía que nos demuestran sus marcas y herramientas, también podemos asumir que era importante tener un cierto nivel en esa comunidad, ya no solo el ser aceptado sino además el ser reconocido y admirado.

La cooperación entre personas existe desde que existen personas y yace en la base de las vidas de los humanos y de las sociedades, desde interacciones día a día hasta los más grandes logros. El entender la cooperación, lo que la motiva, cómo se desarrolla, cómo sucede y cuándo falla es de suma importancia para entender todo tipo de comportamiento humano.

¿Por qué cooperamos? Hay diferentes razones por las cuales lo hacemos y una de ellas, aunque suene raro, es la competencia. Al querer competir entre humanos y para mejor competir entre nosotros, buscamos otros humanos con características similares para hacer "equipo", esto muy por encima de la meta.

Uno pensaría que un grupo de personas se une para llegar a una meta en común pero, en realidad, las metas comunes vienen después de la agrupación y esta ocurre más por rasgos comunes entre los grupos. Los rasgos pueden ser etnia, lenguaje, edad, género, características físicas en general, etc..

Es por ello que grupos de personas en una relación de cooperación se visten igual, se ponen marcas en la piel y en la ropa que los distinga, hablan el mismo idioma o con el mismo acento, los mismos modismos, tienen los mismos gustos y, por ende, las mismas metas. No es raro ver esta particularidad en las escuelas, en donde los adolescentes entre más se unen a sus grupos de pertenencia, también se parecen cada vez más a ellos.

La primera competencia es de supervivencia, si no vives y te mantienes vivo nada más tiene sentido; es por ello que, al juntarnos en grupos, podemos generar mayores oportunidades para subsistir.

La segunda competencia a la que estamos expuestos es de carácter genético; tú estás aquí leyendo este libro porque tienes ancestros que tuvieron éxito en la competencia evolutiva. Cada uno de tus ancestros pudo no solo sobrevivir al medio sino además pasar su mezcla genética de generación en generación.

La ley de evolución habla de la competencia y supervivencia de los más fuertes, el que estés aquí habla de tus ancestros. Hasta el día de hoy tienen esas características, pero al parecer todo el mundo sobrevive porque cada vez somos más humanos en el planeta y cada vez es más fácil sobrevivir y procrear. Esto se lo debemos en gran parte a vivir en sociedad.

Al poder cubrir necesidades básicas hay personas que se dedican a perseguir metas menos básicas como el arte, la cultura, la ciencia y la tecnología. Todos los avances que conoces, hoy en día no hubieran sido posibles sin tener una cultura en donde esas necesidades básicas están cubiertas de manera sencilla y siguen una jerarquía similar a la mostrada en la pirámide de Maslow.

Los animales que viven en sociedades cooperativas grandes y pacíficas donde cientos o miles de individuos se benefician de una extensiva división del trabajo evolucionaron al menos cuatro veces más en el reino animal, por ejemplo, las hormigas, las abejas, las avispas, las termitas, las ratas y los humanos.

Es obvio que los animales arriesgarán sus propias vidas para asegurar la vida de sus hijos. La única forma de ganar la carrera evolutiva es la de dejar copias de tus genes generación tras generación. El reflejo evolutivo entonces será el de proteger a las personas que tienen tus mismos genes, a lo que se le llama altruismo familiar.

El problema es que muy rápido baja la carga genética en tus familiares, por ejemplo, tus hijos tendrán el 50 % de tus genes. También es el caso de tus hermanos y tus padres, tus sobrinos tendrán el 25 % y tus primos tan solo el 12.5 %, lo que en moneda de supervivencia significa que el sacrificio que estés dispuesto a hacer por salvar a uno de tus hijos será equivalente a salvar a dos de tus sobrinos o a cuatro de tus primos.

Las grandes sociedades de insectos, como las abejas, evolucionaron para que todos pudieran compartir genes; es por ello que hay una reina que se encarga de procrear. Así todos son hermanos y se protegen entre sí, porque en realidad están protegiendo sus genes. Si todos alrededor son tus hermanos y la supervivencia de tus genes depende de la de tu reina, el ser egoísta sería un suicidio genético.

Al evolucionar de esta manera, se generó una relación estrecha, lo cual explica la super cooperación que permitió el crecimiento y desarrollo de la gran sociedad. La construcción de enormes panales, nidos o colonias es posible gracias a la división del trabajo en castas sociales; por ejemplo, las hormigas tienen soldados, forrajeros, trabajadores de enfermería y bodegueros.

Pero este no es el caso de los humanos, aunque puedes observar cómo se intenta extender la relación familiar de diferentes formas. La Mafia le llama familia a sus miembros, al igual que las empresas, los grupos, las marcas, generando una relación de tipo filial en sus miembros. A los amigos de tus padres se te instruyó a llamarles tíos, a una pareja de extraños los haces parte de tu familia al convertirlos en tus compadres al apadrinar a alguno de tus hijos, muy similar al padrino en la película del mismo nombre.

Como ves, el primer grupo de pertenencia es tu familia, después tu familia extendida hablando genéticamente. Pero esta habilidad evolutiva de los humanos hace que generes grupos con personas sin una relación genética, aunque sí de cooperación recíproca como sucede en el trabajo, en la escuela, con los amigos que juegas fútbol, videojuegos, tenis, golf, cartas, dominó o cualquier otra actividad recreativa.

El tener algo en común es suficiente para empezar una relación de cooperación. De la manera en que encuentres más cosas en común, la relación se fortalecerá y, al mismo tiempo, empezarás a generar cosas en común como los adolescentes que se empiezan a vestir y hablar igual que sus compañeros cercanos.

También lo puedes ver en los adultos, tendrás costumbres y comportamientos similares a los de los grupos con los que estás, la misma moda y los mismos modismos, el mismo lenguaje y hasta las mismas actitudes y opiniones.

Asimismo, es cierto que puedes cambiar de grupo en grupo y convertirte en una persona diferente, como la mujer argentina que refuerza su acento con otros argentinos, pero habla como mexicana entre mexicanos, como una regia con regios que hasta le puede salir el yucateco.

La diferencia principal entre los grupos de personas a los que perteneces es que cuando la relación es genética (tu familia), eres miembro por el simple hecho de tener los genes que tienes. Cuando perteneces a otros grupos, la relación que se forma es por reciprocidad.

"Reciprocidad es un instinto profundo; es la moneda de cambio en la vida social".
JONATHAN HAIDT

"La abundancia es una danza con reciprocidad, lo que podemos dar, lo que compartimos y lo que recibimos en el proceso".
TERRY TEMPEST WILLIAMS

Si me rascas la espalda, te rasco la tuya; la cooperación está basada en la reciprocidad, te sonrío me sonríes, te hago un favor, me lo pagas, haces algo por una meta mía y yo hago algo por una meta tuya.

En las expediciones que he hecho a escalar alta montaña, hay un dicho que sirve muy bien para los fines de las expediciones: "cuando sientas que estás haciendo de más, ahí sabrás que estás haciendo lo mínimo necesario".

La reciprocidad no es siempre positiva, también tiene su lado negativo o vengativo. En el ejemplo de una expedición para escalar una montaña, la cooperación es de suma importancia porque no solo compartes las tareas comunes como montar campamento, hacer agua (del hielo), cocinar, cargar el equipo, montar cuerdas y sistemas, proteger o ser protegido; también el compartir la carga del equipo en común como la cocina, las tiendas de campaña, los alimentos en algunas montañas, la cubeta/baño.

También el estar listo para ayudar a algún compañero en caso de algún incidente o accidente. Incluso, cuando viajas sobre un glaciar o una pared de roca o hielo vas amarrado a tus compañeros y el equipo funciona como un solo ente. Por supuesto, existen protocolos en caso de que algún miembro de la cordada caiga para proteger al grupo.

Si tienes a algún miembro del equipo que no hace su parte, seguramente no lo volverás a invitar a ser miembro de una expedición, pero más aún, si pone en riesgo la expedición actual no lo dejarás seguir. Si esto no es posible y te obliga a abortar la expedición por su egoísmo, lo querrás matar (figurativamente).

Los murciélagos vampiro (*desmodus rotundus*) que habitan en parte de México, Centroamérica y parte de Sudamérica, son animales altamente sociales. Se dice que cuando una hembra encuentra una víctima viable, sobrevuela buscando el mejor punto para morder y extraer un poco de sangre. Por lo general, se alimentan de ganado por las noches y, a diferencia de lo que mucha gente cree, no atacan a los seres humanos.

Una vez que encuentra el punto, se lanza hacia la víctima para enterrarle sus colmillos, y cuando empieza a comer, emite un sonido imperceptible para nosotros, pero que invita a sus compañeros a sentarse a la mesa y compartir del delicioso platillo que encontró.

Los murciélagos, al igual que los humanos, tienen preferencias sociales; en el nido donde duermen, por lo general, en el interior de árboles o cuevas, pasan más tiempo con aquellos murciélagos con los que tienen una relación, se acicalan entre sí, similar a los chimpancés, y gustan de compartir la hora de comer. Pero lo más interesante de estos bichos es que si un miembro del nido regresa sin haber tenido suerte en la cacería, alguno de sus compañeros regurgitará parte de su cena para compartir.

Así, cuando un murciélago no tiene suerte, acude a sus compañeros y, cuando algún compañero no tuvo, suerte este en reciprocidad compartirá. Pero imagínate que pasaría en el caso de que un murciélago tramposo solo estuviera pidiendo comida todas las noches y nunca realmente cazando y compartiendo...

Si este Murciélago fuera humano en una comunidad de humanos, lo primero que pasaría es que se generarían chismes alrededor de lo que estaba haciendo, llamándolo flojo, aprovechado, inútil, etc. Si con esto no cambia la situación, muy pronto los rumores se correrían y terminaría por no tener quién le compartiera comida.

Si todavía esto no cambia la situación, a lo mejor por lo grande de la comunidad, pensemos en una ciudad donde no todos se conocen, el murciélago tramposo tendría que cambiar de zona a cada tanto cuando se diera a conocer, y quizá en algún momento se toparía con algún grupo de personas que no les gusta que se aprovechen de ellos y tomarían represalias físicas.

El chisme o los rumores representan una gran importancia en nuestra sociedad humana. Cuando escuchas hablar de "chismes", estos se perciben como algo negativo, aunque a todos nos llama la atención lo que se pueda decir de alguien que conocemos. Los chismes podrían ser vistos como consejos de la forma en cómo te convendría actuar con ciertas personas para no caer en sus trampas, así como el murciélago flojo que solo buscaba dádivas de sus compañeros.

El chisme también sigue las reglas de reciprocidad; si alguien te facilita información acerca de una persona con la cual interactúas que sea de utilidad para ti, lo intercambiarás por información que tú conozcas de alguien y que le pueda ayudar a la persona con la que estás hablando.

Entonces, pertenecer a un grupo de personas las cuales no tienen ninguna relación genética contigo, tiene ciertas reglas y compromisos y, en la búsqueda natural genética y aprendida de buscar pertenecer, tratas de apegarte a las normas, de no hacer enojar a nadie y, sobre todo, de seguir siendo aceptada.

Al buscar la aceptación e integración es donde empiezas a copiar los comportamientos de los demás miembros, y los otros, a su vez, comienzan a comportarse como los demás generando una microcultura. Esta se conforma por lo regular de personas que tienen características similares y, entre más tiempo, más características similares compartirán.

Jim Rohn decía que eres el promedio de las cinco personas con las que más pasas tiempo. También, seguramente has escuchado el dicho de "dime con quién andas y te diré quién eres". Esto es cierto porque dejas de ser tú individualmente y te conviertes en parte del grupo y del promedio de este.

Como ya hemos visto, pertenecer a una tribu, grupo de personas, una comunidad, una ciudad, país, continente, etc., traerá muchos beneficios, principalmente la distribución del trabajo; idealmente la explotación de los talentos individuales de cada quien y el mayor número de oportunidades y de opciones para todos los miembros.

En *marketing* existe el término de prueba social, la cual habla de la influencia que tienen los demás en nosotros, en ti. Es un fenómeno social y psicológico que se produce cuando los individuos copian el comportamiento de otros. Este fenómeno es el responsable de que cierto tipo de información se vuelva viral en minutos, así como de que la popularidad sea muy volátil.

Las palabras, opiniones y acciones de los demás son una de las fuentes de motivación más poderosas a las que nos enfrentamos. La perspectiva de ser aceptado es una importante fuente de motivación intrínseca; es por ello que, a menudo, elegimos conformamos en lugar de seguir nuestro propio camino. También es más difícil, y si te acuerdas del capítulo dos, tu mente prefiere lo fácil y cómodo.

Hay varios factores que aumentan el efecto de la persuasión social: múltiples fuentes: por lo general, le damos más autoridad y credibilidad a las ideas que provienen de muchas fuentes. Por ejemplo, los testimoniales que tanto usan hoy en día. Hay quien pone testimonios reales y hay quien los finge, la cosa es que si escuchas de Susanita y Juanito que ya usaron la píldora mágica y les funcionó a la perfección, es más fácil que creas que te va a funcionar a ti. Otro ejemplo son las estrellas en productos de Amazon y hasta en choferes y pasajeros de Uber o Tripadvisor.

Similitud y cercanía: buscas a personas con características similares a las tuyas para escuchar su opinión, el problema de hacer esto es cómo preguntarle a tu amiga, la recién divorciada, consejos sobre tu matrimonio. Lo más seguro es que estés teniendo los mismos problemas (o similares) a los que ella tuvo, y si sigues sus consejos es muy probable que termines en la misma situación.

Preguntarle a tu compañero del trabajo, quien sufre de problemas de dinero igual que tú, está pagando una hipoteca, el financiamiento del coche y llega a cada quincena o cada mes contando las monedas para alcanzar a llegar al siguiente pago, no es la mejor opción para preguntarle cómo llegar a tener libertad económica o ahorrar para invertir en bienes raíces. Pero aun así, le preguntamos a nuestro círculo social y acatamos sus consejos.

Atracción: si te consideras parte de un grupo de gente, digamos que te gusta el deporte y haces algunas competencias de fin de semana, no eres profesional, tampoco ganas podios, pero lo disfrutas muchísimo y en tu mente eres un atleta; cuando ves una publicidad de productos atléticos sientes que te hablan a ti y pones más atención que cuando hablan de productos de limpieza o de oficina.

También sientes una cierta atracción por personas que están a niveles más altos de deporte que tú. Si te gusta el triatlón, correr, el golf, natación, el tenis o el deporte de tu preferencia, ves a las celebridades de ese deporte y los admiras; por ende, cuando hablan positiva o negativamente de algo, escuchas y te dejas influenciar.

Autoridad: desde que nacimos se nos ha inculcado a respetar a las figuras de autoridad; primero, tus padres; luego, maestros, profesores, tu jefe, los políticos, policías, doctores, bomberos, etc. Se hizo un estudio social en donde una persona vestida de civil detenía a la gente y le daba instrucciones solo para ser ignorada en un 90 % de las veces; por el contrario, la misma persona vestida de policía recibía un 60 % de respuestas positivas.

En una prestigiosa universidad en EE. UU. presentaron a un conferencista en un salón de clases a un primer grupo como otro alumno, al segundo grupo como maestro y al tercer grupo como científico reconocido y especialista en el tema de la conferencia. No solo tuvo más credibilidad en el tercer grupo, sino que cuando les preguntaron a los participantes del estudio qué tan alto era, conforme el estatus aumentaba también su altura percibida.

Existen más beneficios de vivir en comunidad que de vivir aislada, ¿pero qué pasa cuando mi tribu está limitada y yo quiero salirme de esos límites?

> "Si eres la persona más capaz en un grupo
> estás en el grupo equivocado".

El tema de la prueba social y todos los sesgos cognitivos que como entes sociales tenemos los humanos y muchos animales es muy extenso y podría muy bien llenar varios libros. Robert Cialdini en su libro Influencia habla de cómo los profesionales de la influencia utilizan estos conceptos para vender; y es él quien acuñó el término de "Prueba Social" en 1984.

En mi libro *Del montón* hablo de cómo existe una mente mediocre que todo el tiempo está tratando de mantener una especie de homeostasis para mantenerse cómoda y cómo la gran mayoría de la gente vive como todos por influencia del medio, de nuestra historia, del sistema educativo, nuestros padres y la sociedad en general, haciéndote creer que las metas y los sueños pueden ser genéricos y que todos deberíamos de buscar el mismo camino.

Pero el punto al que quiero llegar en este capítulo es que como humanos nacemos perteneciendo a diferentes grupos; familia, religión, idioma, nivel social, económico, académico, oportunidades y creencias. Ya traemos una carga genética de nuestra mente ancestral, y encima de esta viene una carga familiar, social, escolar y demás.

Las enseñanzas y las influencias recibidas por los diferentes grupos hacen que podamos navegar en un mundo desconocido de manera sencilla; llegas a una nueva escuela y sigues a tus compañeros, en un nuevo trabajo, caminas por la calle y sigues a la gente, si la gente se detiene tú también te detienes. Lo paradójico es que si bien es la forma de subsistir en la sociedad moderna, también es la manera de seguir estancada.

En la bolsa de valores, en bienes raíces y hasta en criptomonedas, si inviertes cuando todo mundo está invirtiendo, ya no será el negocio que esperas. Si sigues las tendencias, ya no serás líder sino seguidor y estos no se llevan las ganancias millonarias de los líderes de tendencia, aunque ¡ojo!, tampoco arriesgan tanto. Lo mismo que te mantiene vivo y que te enseña cómo vivir y manejarte por el mundo es lo mismo que te mantiene estático y sin crecer.

Hace unos años, en un viaje de trabajo, estaba con dos de mis socios en el aeropuerto de Cancún, ya en la sala de espera a punto de abordar hacia Chicago, cuando de pronto vemos cómo un grupo de personas vienen corriendo en pánico hacia nosotros.

A su paso, van reclutando más personas y en cuanto llega a nosotros el grupo, el primer instinto fue correr con ellos; si corren en pánico es porque están huyendo de algo que les puede hacer daño, entonces lo más conveniente es correr también y evitar ese peligro. ¿Tú qué hubieras hecho?

Bueno, pues al principio corrí, uno de mis socios se metió al baño como para resguardarse, y justo ahí me detuve y pensé: "Si es una persona la que nos va a hacer daño o un villano de película, el meterse al baño es encerrarse y corres más riesgo, si es un incendio o una amenaza de bomba lo mismo. Pero, ¿cuál puede ser el peligro por el que la gente corrió sin mirar atrás confiando solamente en las otras personas que ya venían corriendo?".

Al detenerme y meditar las opciones y los posibles riesgos, dio tiempo a que el grupo cada vez más grande de personas siguiera corriendo, y así como una capa de neblina se disipa, todo regresó a la normalidad, hubo calma, no se escuchaban balazos o rugidos de algún tigre asesino ni villano de película.

El aeropuerto estaba vacío, la gran mayoría de la gente que corrió en pánico se salió por las puertas de emergencia del aeropuerto, que estaban al fondo del pasillo. Algunas aerolíneas permitieron que la gente se metiera a los túneles de acceso a los aviones y se veía como empezaban a salir.

El personal del aeropuerto empezó a verse de nueva cuenta tomando sus posiciones como si nada hubiera ocurrido. Mientras tanto, yo estaba recargado en una pared entre la entrada al baño y el pasillo, solamente observando todo.

Resulta, que en el área de comida de la terminal cuatro del aeropuerto de Cancún, está todo en un mismo lugar y, por la manera en cómo se manejan los alimentos y bebidas en este aeropuerto, las cocinas son contiguas. Hubo una explosión en uno de los ductos o chimenea de las campanas extractoras, lo cual no debería ocurrir, pero es común cuando se acumula mucha grasa en el ducto.

Provocó un poco de ruido, pero no debió haber sido tan fuerte porque yo no lo escuché, y no estaba tan lejos. Por lo general, en cocinas industriales de este tamaño, los ductos extractores cuentan con sistemas automáticos para mitigar incendios dentro de los mismos.

Por lo que puedo concluir, que al haber un pequeño estruendo proveniente de una cocina, un grupo de personas se asustaron y corrieron en pánico, de modo que muchas otras optaron por unirse al grupo en pánico y seguir corriendo.

Parece cómico, pero es real. Así como yo que no tenía ni idea de lo que estaba pasando y sentí la necesidad de unirme al grupo y correr, lo hicieron muchísimas personas que no tenían ni idea de lo que había ocurrido.

Mucha de la gente que corrió y se salió por las puertas de emergencia, al haberse salido del área de seguridad, tuvieron que volver a entrar al aeropuerto por la puerta principal y volver a hacer todo el proceso de ingreso.

Dejaron maletas abandonadas, las cuales el personal de seguridad tuvo que recaudar, de tal forma que, si ya estabas atrasado por tener que volver a entrar al área de seguridad de la terminal, ahora tenías que ir a reclamar tu equipaje. No te tengo que contar que hubo mucha gente que perdió sus vuelos. Y todo por la influencia social, por el instinto que te dice: si la gente corre, tú también tienes que correr.

Lo bueno que no corrieron hacia un precipicio o hacia un suicidio colectivo como en Jonestown, cuando un líder religioso y político ordenó a toda su congregación tomar una pócima envenenada con cianuro, pero eso sí, con sabor a *Kool-Aid*. La historia es muy larga y más compleja de lo que voy a comentar aquí, pero la influencia social es tan fuerte que en este caso novecientas personas perdieron la vida simplemente porque es lo que los demás están haciendo y es lo que el líder dijo que se tenía que hacer.

El crecer como persona sin importar en que ámbito, puede ser económico, espiritual, emocional, académico, familiar, implica un cambio en la forma en cómo ves las cosas, un cambio en tu manera de pensar y, por ende, un cambio en tus comportamientos.

Cuando cambias los comportamientos, la gente cercana a ti siempre reacciona; habrá quien reaccione de manera positiva y habrá quien reaccione de manera negativa. Por lo general, la gente cuando ve cambios en comportamientos que no van en línea con los comportamientos de ellos, sentirán que lo haces para mal, y su reacción negativa simplemente es una emoción al cambio.

Por ejemplo, en tu grupo de glotones anónimos, tus nuevas decisiones en torno a tu nutrición para bajar de peso o simplemente para tener un mejor estilo de vida que apoye tu salud, serán vistas como un ataque al grupo, aunque no tenga nada que ver con sus vidas o sus decisiones, tampoco con la amistad; pero ya no comes hamburguesas y pizza sin fin en las reuniones con ellos. El ya no comer en grupo de la manera cómo lo hacías antes rompe con una de las características que generaron cohesión en el grupo y las reacciones serán:

Te aceptan de la nueva manera en cómo eres porque la amistad es más fuerte que la glotonería (habrá otras características en común).

Te tratarán de regresar a la manera en cómo te conocieron, con comentarios negativos hacia tu nueva manera de comer, a veces hasta de manera inconsciente.

Poco a poco, te irás separando del grupo y ellos de ti.

Para pertenecer a un grupo de personas, primero tienes que tener alguna cosa en común, como el gusto por algún deporte, vecino de oficina, compañero en la universidad, mamá de la escuela de tu hija, etc. Después, conforme conoces más a las personas descubres otras características en común que hacen que la relación sea más fuerte.

Para mantenerte en un grupo de personas, no solo tiene que ser por las características en común sino también porque ese grupo te genera un valor y tú le generas un valor al grupo (reciprocidad). Si tus cambios de comportamientos no tienen una influencia en ese valor, no pasa nada. Solo cuando, como en el ejemplo del club de glotones, el valor específico del grupo y la característica básica de la unión es exactamente lo que quieres cambiar.

Ahora, en la práctica esto no será tan evidente y no será una razón única. Piensa en un grupo de amigos cercanos, y piensa cuál es lo que los une, también piensa en las cosas que platican y la manera en cómo ese pequeño grupo de amigos que hayas escogido ve las cosas, la vida, el dinero, la nutrición, la salud, la política, el trabajo, etc.

Vas a descubrir que tienes más en común de lo que crees, o de las razones por las cuales son amigos, pero... ¿Crees que tienen todas esas creencias comunes y, por eso, generaron amistad o por la amistad empezaron a creer las mismas cosas?

En otras palabras, la gente con la que pasas más tiempo tiene una gran influencia en cómo ves las cosas, y la forma en cómo ves las cosas tiene todo que ver con tus comportamientos y, por consiguiente, tus éxitos o fracasos, tu nivel de comodidad y tu vida en general.

En tu club de glotones, si bien el objeto principal del grupo es de juntarse y disfrutar de la comida sin fin, no solo hablarán de comida; y si la frecuencia de las reuniones es la suficiente, empezará a haber una influencia mutua en lenguaje, moda, visión, familia, dinero, etc.

Por un lado, dejarás personas atrás, no porque ya no quieras estar con ellas sino que sentirás que ya no tienes tanto en común. Habrá un rechazo de las personas porque pensarán que estás cambiando, aunque el cambio sea bueno para ti.

"Dicen que el dinero cambia a las personas, yo creo que las personas cambian para poder tener dinero".

Así como las personas cambian para mejorar su salud, bajar de peso, tener mejores relaciones, y hasta tener mayor bienestar. Incluso, para dejar atrás vicios y adicciones tienes que cambiar como persona.

¿Cómo utilizar la presión social a mi favor?

Entender cómo funciona la presión, influencia o prueba social es fundamental, primero para poder distinguir entre decisiones que realmente quieres o decisiones que tomas porque es lo que hacen los demás.

Algunas veces, no sabes por dónde empezar, y eso es lo primero que te detiene; por ejemplo, yo tuve la idea de hacer triatlones porque era algo que vi en la televisión y se escuchaba muy divertido. También, sentía la necesidad de mejorar mi apariencia física, es decir, siempre quise cuadritos en el abdomen.

Yo corría tres veces por semana por gusto, estaba en la universidad y no había equipo de triatlón ni un interés por ese deporte, al mismo tiempo asistía a instructores en cursos de buceo en una alberca pública (AOFM) donde había equipos de natación, pero averiguando un poco encontré una persona que, si bien su deporte era la natación, había hecho varios triatlones y le saqué toda la información que pude.

Terminé comprando una bicicleta (no era la adecuada) y entrenando en ella como yo pensaba que tenía que entrenar (no tenía ni idea). Seguí corriendo y nadando como ya lo hacía habitualmente y me inscribí a mi primer triatlón, ya para este momento "Héctor" y yo, mi amigo y compañero de entrenamiento teníamos cuatro meses preparándonos.

Fuimos al triatlón de San Gil en Querétaro y me aniquiló en la competencia, yo creo que terminé en un lugar después del último y solo lo terminé por ego. No fue una buena experiencia, pero me dio conocimientos acerca de lo que era ese deporte que me estaba llamando la atención. Conocí personas que sabían mucho más que Héctor y yo del deporte y me di a la tarea de aprender mucho más.

Preguntando y conociendo personas que estaban en el medio encontré un entrenador, y fue un golpe de suerte porque Ernesto no solo había sido campeón nacional en ciclismo, sino que tenía el mejor taller de bicicletas; por lo cual, todos los triatletas de la zona iban con él.

Conocí y entrené con ciclistas profesionales, también triatletas y mi círculo cercano cambió. Ya no solo hablaba de bicicletas y zapatos para correr, ya hablaba de nutrición antes, durante y después de la rodada; ya no llegaba a las competencias, solo sino que ya tenía amigos y conocidos en las mismas.

Empecé a entrenar en el equipo de natación en la AOFM (Alberca Olímpica Francisco Márquez). Y cuando se me metió la idea de empezar a entrenar y competir en Iron Man, ya sabía a quién acudir para preguntar y aprender.

Como ves, lo más importante de mi experiencia en el triatlón no fue ni mi determinación, ni mi motivación, talento especial o suerte. Lo que me llevó a tener logros en el deporte que escogí fue la comunidad en la que me incorporé. La ventaja es que como me uní de manera artificial porque yo estaba buscando algo específico en esos grupos, tuve la gran virtud de incorporarme con ciclistas, nadadores, corredores y triatletas.

Si todos tus amigos entrenan cuarenta horas a la semana, eso es lo normal, cuando tienes a otros cuatro o cinco locos esperándote a las cinco y media de la mañana para irte al Ajusco en bicicleta. Hoy veo el tiempo que le dediqué a entrenar y me parece una locura, pero en aquel entonces era lo normal para conseguir lo que estaba buscando en ese momento.

Lo que conseguí sin pensarlo fue un estilo de vida, y como en mi mente yo era un triatleta muchas otras cosas ni siquiera me pasaban por la cabeza, como irme de fiesta, tomar alcohol, comer mal o no dormir con un horario específico, aunque tenía amigos cercanos que si lo hacían. Resulta que me separé de esos grupos y esos grupos se separaron de mí.

Mi estilo de vida, cuando quise ser atleta, no me lo dio mi compromiso, mi fuerza de voluntad ni mi generación de hábitos, me lo dio la comunidad en la que sin querer me inserté.

Sin saberlo conscientemente utilicé la prueba social a mi favor y me funcionó muy bien. La influencia de los grupos que escojas harán que seas como ellos eventualmente; no puedes platicar de triatlón y nutrición deportiva y tipos de entrenamiento con tu grupo de glotones anónimos, no les interesa y no tienen nada que aportar.

Lo más importante del utilizar la prueba social a tu favor es que no vas a obtener un secreto o una píldora mágica para tener resultados similares al grupo al que te quieres unir, sino que vas a obtener un estilo de vida en el que mientras participes en el grupo, aportes y te aporten valor, lo conservarás.

Al mismo tiempo, vale la pena analizar los grupos a los que actualmente perteneces y el valor que estos te aportan. En la mayor parte de los casos, cuando generas una conciencia de lo que buscas y cómo alcanzarlo, te vas a dar cuenta que hay personas cercanas que no quieren inconscientemente verte cambiar.

Estamos tan arraigados a nuestra forma de ser, a la gente con la que compartimos tiempo y a los comportamientos que tenemos todos los días, que es muy difícil darnos cuenta que la gente con la que más compartimos puede estarnos limitando y deteniendo. No a propósito, pero sí con comentarios, exigencias y actitudes.

No pretendo que dejes o cambies amistades, aunque en el camino va a suceder. Tan solo sugiero que cuestiones la motivación de los consejos y sabiduría de la gente que te rodea para poder tomar decisiones independientes a los grupos a los que perteneces.

Conclusión

Influencia social directa: es cuando la gente te dice qué y cómo. Cuando sin pedir su consejo te lo dan. Se enojan cuando actúas diferente a ellos y te cuestionan. Además de actuar con el ejemplo, ellos actúan de cierta manera demostrándote que esa es la manera de actuar.

Mi papá hizo todo diferente; se fue de su casa, no terminó la secundaria, cruzó una frontera ilegal, trabajó en la marina mercante, en fábricas y bares hasta que juntó suficiente dinero para poder emprender. Lo hizo y generó libertad financiera.

Sin embargo, él esperaba que yo hiciera todo como lo marca el manual; ir a una buena universidad, sacar buenas calificaciones, conseguir un buen empleo, etc. Mi padre siempre fue una influencia directa en mí con sus consejos, castigos, órdenes y límites, pero con su ejemplo indirectamente me enseñó que hay otras formas, otros caminos y que cada uno de nosotros puede buscar su propio camino.

Influencia indirecta: así como mi padre en mí, la influencia indirecta es aquella que vemos, que sentimos, que nos muestran las personas sin dictarnos el cómo comportarnos. Puede venir de una persona o personas cercanas o de ejemplos que decidamos seguir.

VII EL TIEMPO NO ES TU MAYOR RECURSO

Vas a ver al médico por una pequeña molestia que no te ha dejado en paz por algún tiempo. Después de la revisión y análisis, ves la cara del médico, y sabes que te va a dar una mala noticia.

Pero la noticia es peor de lo que esperabas, no solo es incurable, sino que tiene fecha específica, tu mayor miedo: el final de tu vida se acerca. ¿Cómo tomarías esta noticia?

Quizá pases más tiempo con la gente que te importa, quizá trates de hacer esas cosas que nunca hiciste, pero siempre dijiste "algún día". A lo mejor, la forma en cómo reaccionas dependa de la caducidad de tu vida, si es en unas semanas, en unos meses o en algunos años. Pero espera...

Si te vas a morir, es más un diagnóstico que ya te dio un médico, el mismo que te recibió cuando naciste, porque es la única condición al nacer, y todos sabemos eso que no nos gusta decir... ¡Te vas a morir! Memento Morí, una frase en latín que dice: "recuerda que te vas a morir".

Esta frase existe desde la antigüedad, desde antes que el Imperio Romano fuera lo que llegó a ser. Cuando un gran líder guerrero triunfaba se le vestía de rojo o púrpura y se le pintaba la cara de rojo para recordarle a la diosa de la Muerte: Marte. Y durante la procesión, festejo y sacrificios, había una tarea muy importante que se le daba a un esclavo, y este le susurraba al oído: "mira hacia atrás, recuerda que eres mortal".

Entre más exitoso, entre más victorioso, más importante era recordarle su humanidad y mortandad. El emperador romano Marcus Aurelius es considerado como uno de los pensadores estoicos más importantes de su época y uno de los mensajes más importantes que dejó es el de preocuparte por las cosas que están dentro de tu influencia.

Y hace una pregunta que me gustaría consideraras: ¿le tengo miedo a la muerte, ¿mi miedo es porque ya no podré hacer esto nunca más?

Por lo regular, cuando pensamos en morir, pensamos en lo que hacemos en este mundo, pero desperdiciamos mucho tiempo haciendo actividades que no nos gustan para probarnos ante gente que no respetamos y adquirir bienes que no necesitamos.

La segunda pregunta de Marcus Aurelios, se refiere a las actividades que vas a extrañar cuando ya no estés. Al considerar esto, te darás cuenta que muchas de las actividades que haces día a día no son tan importantes.

Seneca se refería al tiempo como el recurso que más malgastamos, siendo que el ser humano por naturaleza es tacaño con sus pertenencias; no cuida lo único que no se puede recomprar.

Y si pensamos en morir, no podemos no tener una cierta tristeza o preocupación. La idea de tener presente el final de nuestras vidas es aquello que le da sentido a la vida, es aquella condición humana que le da valor a la vida.

Cuando alguien te dice que tal experiencia es la última vez que vas a tener, como graduarte de la universidad o lastimarte la rodilla y no poder seguir haciendo un deporte que te encanta, es donde de verdad valoras eso que ya no podrás hacer.

La vida fluye desde el momento de tu concepción hasta el día de tu muerte. No hay un momento de pausa, el reloj sigue corriendo, aunque el tiempo en la perspectiva humana es relativo y, en ocasiones, parece que va más rápido o que se queda parado.

Cuando estás en una situación en donde no quieres estar, como en la fila del banco, el tiempo pasa muy lento; y cuando estas en una actividad que disfrutas como una reunión con amigos, se pasa sumamente rápido. Pero el tiempo sigue corriendo; aunque estar en el dentista con la boca abierta parezca eterno, no lo es.

Un día volteas atrás y te das cuenta de que el tiempo va pasando y que cada vez tienes menos por delante del que pensabas.

Jeffrey Davis escribió una historia que explica esa conciencia que, tarde o temprano, se despertará en todos los seres humanos, acerca de que nuestra vida tiene una fecha de caducidad. No somos eternos y el no ser eternos es la fuerza que nos mueve a realizar sueños.

La historia de la que hablo menciona a un hombre de cincuenta y cinco años que se da cuenta que el promedio de esperanza de vida es de setenta y cinco años, y calcula que le quedan mil sábados para disfrutar. Los sábados son el día de la semana que más disfruta.

Compra mil canicas y las pone en un recipiente de vidrio, marca el paso de cada sábado al quitar una canica y desecharla. Curioso, porque justo lo estaban entrevistando referente a esto el día en que quita la última canica a sus setenta y cinco años. Al terminar la entrevista dice: "Acabo de quitar la última canica y estoy por salir a desayunar con mi esposa, si llego al siguiente sábado será un regalo fantástico".

Cuando tienes un recipiente lleno de canicas, no te das cuenta si quitas una o dos, tres, ¿diez? ¿Cuándo será que te empiezas a dar cuenta de que se están terminando las canicas?

Si tienes treinta y cinco años, te quedan aproximadamente dos mil canicas; con cuarenta y cinco años, restan mil quinientas canicas. El punto es que, sin importar en qué etapa de tu vida estás, si empiezas a ser consciente de que tu tiempo es limitado, tus prioridades cambiarán.

La gente joven, por lo regular, piensa que va a ser joven siempre, o ve la madurez y vejez muy lejos, pero... ¿qué crees? Yo ayer era muy joven y, de repente, me di cuenta que ya viví más de la mitad de mi vida; ya me quedan menos canicas del número con el que empecé al nacer. ¿Tú has pensado en tus canicas y en cuántas te quedan?

Este es un tema que nos debería llegar a todos tarde o temprano, y entre más temprano te llegue, mejor podrás aprovechar tu tiempo y tu vida. Mucha gente pasa sus días solo sobreviviendo, repitiendo un día tras otro en un trabajo que no le gusta, adicto a distracciones como las redes sociales, videojuegos, alcohol, cannabis, Netflix, y hasta libros de novela. Cuando te das cuenta de que tu tiempo es limitado, cambian tus prioridades; todo es cuestión de perspectiva.

> "No es a la muerte a lo que un hombre le debe temer, debería temer el nunca empezar a vivir".
> Marcus Aurelius

El tiempo es paradójico porque cuando estás contento y disfrutando, pasa muy rápido, y cuando estás sufriendo pasa muy despacio. No obstante, la memoria del disfrute sin sentido, no te da la satisfacción del progreso paulatino, a lo que de verdad vale la pena lograr.

El día después de tu muerte

¿Qué pasa el día después? Muchas personas estarán tristes, otras se irán enterando poco a poco y, dependiendo de la ceremonia que tus familiares escojan, muchos acudirán a despedirse por última vez. Las personas que más tristes estarán son aquellas que estaban más cerca de ti, familiares, amigos y compañeros de trabajo.

¿Qué pasa a un mes de tu muerte? Ya la sorpresa o el dolor se va asentando en las personas que más te quisieron y extrañarán. Empieza la resignación, pero sobre todo ya la mayoría sigue con sus vidas normales. Capaz y algún despistado todavía te manda algún chiste, trata de llamarte o mensajearte y hasta se enoja porque no contestas.

¿Qué pasa después de un año? Ya no hay dolor por la pérdida para nadie, los más cercanos tienen esa emoción entre tristeza y vacío, que viene más del saber que no estás, del extrañar. Pero el extrañar es más consciente que inconsciente, es decir, algo tiene que pasar que hace que las personas se acuerden de ti.

La cosa es que fuera de tu familia inmediata, tanto en tu trabajo, como en tus pasatiempos y en tus actividades cotidianas, la gente muy rápido se acostumbra a que no estés.

En la literatura estoica se enfatiza en que la necedad de las pasiones y placeres humanos se impone a una visión más racional y, es por ello, que el humano intenta desentenderse de su mortalidad, gastando su vida como si fuera a vivir por siempre olvidando que en sí la vida es muy frágil.

Para el estoicismo, el recuerdo de que somos mortales es la manera en cómo te puedes convencer de perseguir la virtud, la sabiduría y la tranquilidad del alma, a través de una cierta ética en que la razón guíe tu vida. Es decir, no porque sepamos que nos vamos a morir, esto le quite sentido a la vida sino al contrario, esto es lo que dota a la vida de sentido.

> "Nadie tiene a la vista a la muerte, nadie deja de alargar sus esperanzas".
> SENECA

En filosofía, se habla de una negación hacia la muerte en donde externamente sabemos que nos vamos a morir, pero internamente sentimos cómo que eso nunca nos va a pasar a nosotros. Y es lógico en la película de tu vida, tú eres el protagonista y al protagonista nunca le pasa nada malo, es el que siempre se salva.

La facilidad con que los gobiernos pueden mandar ejércitos a pelear y morir en manos de otro ejército es esa misma negación. Tú vas a la guerra a pelear por un ideal, pero más que eso, a pelear por el soldado que está a tu lado, enfrente y atrás. Sabes que ellos se pueden morir, pero nunca piensas en tu propia mortalidad. Esa negación a la muerte es la que nos hace desperdiciar el poco tiempo que tenemos a nuestra disposición.

Tu tiempo como recurso

Lo que haces con tu tiempo es lo que determina los otros recursos con los que vas a contar a lo largo de tu vida. Si usas tu tiempo en aprender tendrás conocimientos. Si usas tu tiempo en desarrollar habilidades, este será otro recurso que te podrá dar un retorno sobre la inversión de tiempo. Tu tiempo es un recurso y así lo tienes que ver.

Recurso: ayuda o medio del que una persona se sirve para conseguir un fin o satisfacer una necesidad. Si solo consumes tu tiempo, es un desperdicio, como dejar abierta una llave de agua, dejar el auto prendido toda la noche o quemar billetes.

A mí me gusta pensar en un recurso más como algo que si lo inviertes, te puede traer un retorno sobre la inversión. Entonces, si desperdicias tu tiempo, este no está siendo bien invertido o no está siendo considerado como un recurso.

Pero no es tu tiempo el que tienes que ver como recurso, sino lo que haces con tu tiempo, porque claro que necesitamos diversión, claro que necesitamos llanear calidad con familia y amigos, es más necesitamos dormir.

Para muchos es un periodo de tiempo desperdiciado, pero los estudios más recientes prueban que el sueño de calidad es tanto o más importante que otras actividades para la salud mental y física de las personas.

El sueño de calidad te da claridad, te hace más productiva, más creativa, es cuando tu memoria de corto plazo se convierte en largo plazo, es cuando se recuperan los músculos de todas tus actividades.

Entonces, sabemos que nuestro tiempo diario es incluso más limitado. Si paso ocho horas en un trabajo que no me gusta, pero que es necesario para subsistir, salgo cansado, de malas, llego a mi casa y solo quiero algo de felicidad inmediata, voy a comer lo que me gusta sin importar si es nutritivo o saludable. Solo importa que sea delicioso porque me lo merezco.

También necesito desestrés, por lo que veo películas y series que distraigan mi mente mientras me tomo una o dos copas de vino, aunque quizá hoy necesite cinco. Me desvelo, no aprovecho el tiempo con mi familia y/o amigos, me levanto al día siguiente y, de nuevo, no dormí bien, entonces no puedo ir a correr o hacer ejercicio y se me hace tarde para el trabajo. Repito el ciclo hasta el fin de semana, donde lo único que quiero es desestrés y felicidad inmediata para poder descansar.

Todos tenemos círculos viciosos; tomaste un empleo temporal y diez años después te preguntas por qué sigues con ese trabajo. La cosa es que no hay una intención, un plan, un propósito.

Si tu tiempo de por sí ya es limitado, planea en qué puedes invertir tu tiempo para ver resultados.

Si quieres un mejor trabajo, ¿quién necesitas ser? Necesitas más conocimientos, mejores habilidades, un título, una certificación, a lo mejor lo único que necesitas es ser más extrovertida y tener conversaciones de tus capacidades con tus superiores, tienes que invertir tu tiempo para sacar provecho de él.

Si quieres un peso ideal, ¿quién necesitas ser? Necesitarás invertir tu tiempo en tomar mejores decisiones en cuanto a tu alimentación, quizá necesites aprender cómo comer, quizá necesites darte el tiempo de comprar, preparar comida y ejercitarte. En pocas palabras, necesitas invertir tiempo en tu salud y en tu peso.

Si quieres mejores relaciones, ¿quién necesitas ser? Necesitarás invertir tiempo en tus amigos, en tu familia, en tu pareja, necesitaras hacer más preguntas para saber cómo están, necesitarás trabajar en no ser tan introvertida, en tener más empatía, en escuchar, en jugar, en llanear tiempo con esas personas que te importan.

Si quieres libertad económica, ¿quién tienes que ser? Necesitarás invertir tiempo en aprender cómo invertir tu dinero, necesitas aprender a ahorrar y no malgastar, necesitas tiempo para emprender, etc.

Si quieres un negocio propio, más ingresos, ser más fuerte, más rápido; esa persona que quieres ser, con todas esas cosas que quieres tener, necesita venir de un retorno sobre la inversión de tiempo. Si no inviertes tu tiempo, nunca tendrás un retorno.

Entonces, no es el tiempo tu mayor recurso sino tu atención, y tu atención es todavía limitada porque recibes estímulos y distracciones por todos lados, a toda hora y en todo momento. Tiene que ser una decisión consciente la de poner tu atención en cosas que a la larga te traerán beneficios.

Es por eso que los estoicos tienen el dicho "Momento Mori", recuerda tu muerte o tu mortalidad. Algo cambia en las personas cuando tienen una experiencia cercana a la muerte o una experiencia de extrema adversidad. Hay una nueva conciencia de significado y propósito en sus vidas, incluso una mayor autoestima.

Cambia la actitud, no solo ante sus vidas sino también hacia los demás, se vuelven más afectuosos y amorosos. También se pueden reevaluar relaciones y decidir ponerle fin a aquellas que no son compatibles con sus nuevas creencias y actitudes.

Creo que el saber que vas a morir cuestiona la manera en cómo has vivido tu vida, y es ahí dónde viene el cambio. No importa lo que va a pasar el día de tu muerte o a la semana, al mes o al año, lo que importa es cómo viviste tu vida.

Entonces si una persona que se accidenta, tiene un ataque al corazón, cáncer, cae en bancarrota, una gran pérdida y lo supera, tiene un cambio de conciencia que lo lleva a reevaluar la manera en cómo ha vivido su vida y lo lleva a vivirla de la manera en que la quiere vivir, por el tiempo que le quede de vida. Todos podemos al recordar nuestra propia mortalidad, reevaluar nuestras vidas y vivirlas de la manera en cómo quisiéramos vivirlas.

Por otro lado, tus seres queridos, esa gente que te importa, también un día se va a morir y no habrá otra oportunidad de tener la relación que te gustaría tener con esas personas. Veo casos de padres e hijos, con sentimientos negativos del uno al otro por años, incluso décadas, cosas sin resolver qué quizá nunca se vayan a resolver.

Diferencias entre socios, amigos, pareja, hermanos., en donde las dos partes creen tener razón y esperan ser reconocidos por ello, lo cual nunca sucederá. Si recordamos la propia mortalidad de la gente que nos importa llevaríamos nuestras relaciones interpersonales de mejor manera.

Mucha gente espera hasta el último momento de la vida de un ser querido para decir o hacer lo que ha tenido pendiente durante años, y otras personas nunca tienen esa oportunidad. ¿En cuanto a todas tus metas de "algún día", harías algo por lograrlas de saber que te vas a morir en cinco años?

"Que curiosos somos los humanos que si sabemos que nos vamos a morir empezamos a vivir más intensamente pero mientras suponemos que tenemos mucha vida nos distraemos de ella".
MNF

Solo me queda terminar este capítulo haciendo hincapié en que tu tiempo no es el mayor recurso a tu disposición, sino lo que haces con él, tu atención. Porque aquello a lo que le pones atención es lo que sucede, lo que rige y lo que pasa.

Si le pones atención a un coraje, vas a vivir con coraje. Si le pones atención a tu crecimiento, a tu salud, a tus relaciones, a tu negocio, a tu trabajo, es lo que estará en tu mente. En lo que pones atención todos los días es en lo que se convierte tu vida.

Y, por otro lado, pensar en morir se vuelve en sí un recurso importante, es decir, el valor que le das a tu tiempo y a tu atención viene del saber que tiene límite. Entonces el mayor recurso a tu disposición es tu muerte y la mejor manera de recibir un retorno sobre tu inversión es llegar a ella habiendo vivido intensamente. Ahora vamos a ver qué es eso que haces todos los días y por qué es tan difícil cambiarlo.

VIII HÁBITOS TUYOS

rimero viene un deseo, algo que de verdad quieres hacer y lograr; a este le sigue la inspiración que trae la forma única en cómo tú vas a lograrlo o hacerlo, y a esta la persigue la motivación que es la que te levanta en la mañana y te hace empezar. Pero la motivación caduca, se acaba, se cansa o se desgasta; cuando esto sucede, la mayor parte de la gente regresa a hacer las cosas como está acostumbrada o habituada, y solamente cruza la barrera generando disciplina.

La disciplina se forma a través de sistemas, y los sistemas son esos comportamientos repetitivos que decides generar conscientemente y los conoces como rutinas. En el camino vas generando esas rutinas, también las puedes ir cambiando, pero entre más arraigadas están, más difícil es dejarlas ir o cambiar y generar nuevas rutinas.

> "Somos lo que hacemos repetidamente, la excelencia entonces no es un acto sino un hábito".
> ARISTÓTELES

La cosa es que tus hábitos se empezaron a formar y desarrollar mucho antes de que tuvieras conciencia de que los estabas creando; unos por el lugar donde naciste, tus padres, la cultura y las costumbres, otros a través de repetición, educación, formación e influencias diversas.

Es interesante ver cómo en una familia en dónde los padres tienen ciertas características o hábitos, estos pasan a la siguiente generación, pero no todos porque cada quien tiene influencias diferentes y acontecimientos únicos en nuestras vidas.

No voy a profundizar en la manera en cómo se forman los hábitos, pero es importante entender que hoy, al leer estas líneas, estás llena de mañas.

¿Te lavas los dientes? Estoy seguro que cuando eras muy chiquita tus padres te mandaban a lavar los dientes, también estoy seguro que no te gustaba y querías evitarlo a toda costa. ¿En qué momento crees que diste el brinco de que alguien te mandara a tú hacerlo por voluntad propia?

¿Haces ejercicio? ¿Entrenas un deporte? ¿Cómo está tu alimentación? ¿Eres ahorrativa o gastadora ¿Confías en la gente? ¿Eres amable? ¿Ves oportunidad en las cosas?¿Ves obstáculos? ¿Te gusta leer? ¿Usas redes sociales? ¿Te gustan los animales? ¿Te pones el cinturón de seguridad del coche cuando te sientas en la parte de atrás? ¿Pones tu teléfono en la mesa? ¿Hacia arriba o hacia abajo? ¿Te bañas o tomas café primero?

Sin importar cuál sea tu respuesta a estas preguntas, todo lo que me puedas contestar es un hábito. Son cosas que haces de manera repetitiva una y otra vez, de donde vienen no importa tanto como a dónde te llevan.

Tienes hábitos de higiene que seguramente te funcionan muy bien, pero si estás buscando bajar de peso, quizá tus hábitos de comida necesiten modificación. Lo mismo con el dinero, tus relaciones, el trabajo y todo lo que quieras lograr. Al tener tantos hábitos programados en nosotros, para cambiar algo en tu futuro, tendrás que cambiar un hábito.

Sería muy fácil si fuéramos como una computadora donde buscas la aplicación de "comer donas" y la borras. Después buscas en la tienda de aplicaciones la de "comer frutas y verduras", la descargas y ejecutas. Buscas la aplicación "gastar en pendejadas", la borras y cargas "ahorrar el 15 %". Esta, por lo general, funciona muy bien con la aplicación de "aprende a invertir" e "ingresos pasivos".

Pero, recurrentemente, lo que sucede es similar a tener un escrito en la computadora, darle "imprimir". Leemos el texto y descubrimos que tiene faltas de ortografía, entonces tomamos el corrector líquido, corregimos el texto en el papel, regresamos a la computadora y le damos "imprimir" de nuevo, esperando que las correcciones que hicimos en el papel resuelvan el problema, pero descubrimos que el texto se vuelve a imprimir con los errores ortográficos. Este ciclo puede repetirse cuantas veces quieras hasta que no cambies la causa del error, que es en la computadora.

> "Nunca cambiarás tu vida hasta que cambies algo
> que haces todos los días, el secreto
> de tu éxito se encuentra en tu rutina diaria".
> JOHN MAXWELL

Tus hábitos según nos explica James Clear en su famoso libro de *Hábitos Atómicos* tienen una estructura donde primero recibes una señal, la señal genera un antojo, el antojo una respuesta y la respuesta te lleva a obtener una recompensa.

Vienes caminando por la calle y te llega un olor a café de la cafetería cercana, lo cual hace que no solo se te antoje el café sino también una dona. Entras a la cafetería, compras tu café y la dona. Buscas dónde sentarte y disfrutar. Disfrutas, *mmh* dona.

A veces, los hábitos no son tan evidentes o ricos. Mucha gente tiene el hábito de no hablar de dinero, o el hábito de rechazar todas las oportunidades, el hábito de hacer ejercicio todos los días o el hábito de no hacerlo. Tus hábitos pueden ser mentales, de pensamiento, de juicio pero, sobre todo, de decisión.

Sin importar la manera en cómo lo haces, todo el tiempo estás decidiendo. Estas decisiones pueden ser conscientes o inconscientes y las decisiones inconscientes vienen de la manera en cómo está estructurada tu mente, y parte de esa estructura son tus hábitos.

El poder de decisión es la capacidad que tenemos de escoger todo aquello que necesitamos o queremos. Esta capacidad viene de tener opciones, y las opciones nos dan libertad y autonomía, lo cual se podría traducir en bienestar.

En ningún momento de la historia los seres humanos hemos tenido mayor cantidad de opciones a nuestro alcance, lo cual debería traducirse en un mayor bienestar social. Sin embargo, parece que no nos estamos beneficiando de la sobreoferta de opciones.

En vez de considerar que al tener mayor número de opciones podemos tener exactamente lo que estamos buscando, resulta que a causa de tener tal número de opciones, en vez de quedar más conformes con una decisión, quedamos más inconformes.

Por otro lado, la sobreoferta de opciones está generando no solo un estrés relacionado con la toma de decisión, sino una falta de toma de decisión generalizada. Tomar una decisión tiene una cierta carga cognitiva, esta carga cognitiva se puede traducir en un trabajo mental. Todo trabajo necesita de energía y, para todo trabajo, hay cansancio. Dicho en otras palabras, tu capacidad de tomar decisiones es como un músculo y, como tal, se cansa.

Para evitar el cansancio en decisiones pequeñas recurrimos a la programación del subconsciente, de tal forma que ya no tenemos que decidir cuál es la pasta de dientes que nos gusta, el papel higiénico, champú, jabón de manos, etc. También es más fácil vestirnos con ropa que ya sabemos cómo nos queda y, por eso, repetimos tan seguido.

Por otro lado, formamos comportamientos programados para no tener que decidir cada mañana lo que tenemos que hacer: el lavado de dientes, el baño, desayuno, vestirte, café, meditación, ejercicio, cualquiera que sea tu rutina diaria, la repites una y otra vez de manera muy similar a la anterior. Tu mente entra en un estado al que se le llama "piloto automático".

El piloto automático es una función mental que sirve para ejecutar acciones y comportamientos repetitivos como el conducir tu automóvil al trabajo, a la escuela o al gimnasio.

Diversos estudios han probado que cuando tu cerebro está familiarizado con una actividad, se apaga y entra en piloto automático, lo que permite que lleves a cabo tareas sin tener que pensar en ellas y, lo más interesante de todo, es que al parecer puedes ejecutarlas mejor y con mayor eficiencia.

Un concertista famoso declaró en una entrevista que lo peor que le podía ocurrir durante un concierto era tener que pensar en la posición de sus dedos a la mitad de una canción.

A mí me pasa seguido que, al firmar un contrato, donde tienes que firmar y firmar y firmar papeles, se me olvida cómo es mi firma, ya no me sale como debería salirme, y lo que me está sucediendo es que estoy pensando conscientemente cómo tengo que firmar. Vas al banco y te dicen: "Pero tiene que salir igualita a la de tu identificación", y boom, eso es todo lo que necesitaban decirte para hacerte consciente de tu firma y deja de salirte "igualita".

El piloto automático también sirve en la toma de decisiones. En realidad, ya decidiste lo único que estás haciendo ahora es repetir la decisión antes tomada.

Llegas a una cafetería y siempre pides lo mismo, ya sabes qué te gusta, ya sabes que lo disfrutas y no tienes que volver a ver el menú larguísimo con todas esas opciones que, en teoría nos deberían hacer sentir mejor de tú decisión, pero al final mejor evitamos tener que tomarla de nueva cuenta.

Con las decisiones menores, esas del día a día, es una gran virtud contar con un piloto automático que nos quite la carga cognitiva de estar tomando decisiones de poca importancia todo el tiempo.

El problema del piloto automático es que cuando queremos cambiar decisiones tomadas con anterioridad y ya cargadas en ese programa de comportamientos habituales, es muy difícil.

Llegas a la cafetería y pides tu café y tu dona, pero resulta que acabas de hacer el compromiso de pérdida de peso, entonces la dona no es la mejor opción. Al querer cambiar esa programación vas a tener que hacer un sacrificio porque ya no solo estás tratando de cambiar una decisión programada en tu sistema operativo, también vas a tener que sacrificar el placer inmediato, ese *shot* de dopamina que siempre sientes, desde la expectativa de saber que vas a comprar la dona hasta que la masticas y la tragas.

La dona es un hábito, así como muchas otras comidas que no le dan el mejor servicio nutricional a tu cuerpo, pero ya está establecido en tu mente y en tu cuerpo. Vale la pena decir que no hay hábitos buenos ni hábitos malos, simplemente hábitos tuyos. Tus hábitos se han ido formando poco a poco a lo largo de tu vida, y simplemente son rutinas o comportamientos que llevaste a cabo tantas veces de forma continua que se programaron en tu mente.

A través de tu vida has generado comportamientos habituales, aquellos a los que me refiero como en piloto automático. Estos comportamientos están tan incrustados en ti que tienen relación con tus emociones, con tu centro del placer, con tu mente consciente y con tu mente inconsciente y, además, tienen relación con otros hábitos.

El compadrazgo de tus hábitos

Regresando al ejemplo de tu café y tu dona. El hábito diario ya está programado, tan es así que lo haces todos los días casi sin pensar. El día que decides no comerte la dona y hacer el sacrificio no es solo el dolor de no tener el placer y el tratar de cambiar una decisión ya antes tomada, también es el tener que romper la relación de tus hábitos.

Tus hábitos ya son amigos, hermanos, compadres y comadres, ya no puedes tomar café sin pedir la dona, el mero olor del café te hace pensar en una dona, porque si bien el café no es problema para tu compromiso de pérdida de peso, el hábito va de la mano de la dona.

La relación de tus hábitos es tan compleja que desde que cierras tu computadora antes de salir de la oficina, ya estás salivando, pensando en el café y la dona; el camino a esa cafetería, todos los colores, los olores y sensaciones son habituales.

Mucha gente que deja de fumar, termina dejando de tomar café de la misma forma, o quizá una coca o una cerveza; al final los hábitos están conectados y relacionados.

No hay que pensar en hábitos malos porque tuvieron su momento en donde te sirvieron; mejor pensemos en los hábitos que te gustaría cambiar como programas obsoletos que ya no le traen el beneficio que le trajeron a tu cuerpo en su momento.

Si tienes un dispositivo electrónico, llamemos computadora, teléfono, tableta o lo que habitualmente utilices, y te das cuenta que un programa o una aplicación ya no te sirve, la borras y cargas una nueva o la actualizas. Es un proceso que parece simple porque el dispositivo lo hace de manera automática, enlaza y desenlaza muy rápido, pero hay un trabajo intencional para borrar o actualizar.

Con tus hábitos el proceso es similar, nada más que tú no lo puedes hacer en segundos o minutos; de hecho, se considera que puedes generar un hábito nuevo en sesenta y seis días, la cosa es que borrar un hábito no es tan fácil como generar uno nuevo.

James Clear en su afamado libro *Hábitos atómicos* habla de cómo los hábitos se forman en un circuito:

Señal. Tiene que haber una señal que nos avisa; ejemplo: el olor a comida.

Antojo. El deseo de cambiar tu estado interno; ejemplo: tener hambre.

Respuesta. Aquí viene el comportamiento o hábito; ejemplo: comerte la dona.

Recompensa. Tu antojo quedó satisfecho.

Señal. Se repite el ciclo.

Los hábitos, como ves, son atajos para resolver problemas sin esfuerzo. Tomamos acción cuando esperamos que esto produzca una recompensa. Cuando experimentamos una recompensa repetimos la acción buscando esa recompensa nuevamente y repetimos la acción tantas veces hasta que nuestro cerebro asocia automáticamente la señal con la recompensa.

Aquí la señal activará el hábito y el ciclo del hábito sin pensamiento consciente. La única manera de cambiar o actualizar un hábito es alterando este ciclo de manera progresiva.

La píldora mágica para cambiar tus hábitos

Después de ver cómo se forman los hábitos y cómo se activan, podemos apreciar la razón por la cual no hay una píldora mágica para cambiarlos. No hay un botón que nos pueda desactivar el hábito de gastarme toda mi quincena en diez días o el de comer donas cada vez que tengo hambre.

Una pastilla para quemar grasa puede realmente quemar grasa más rápido subiendo la temperatura de tu cuerpo y haciéndote transpirar más durante el día. ¡Ojo! El quemado de la grasa no viene de la transpiración, viene de hacer que tu cuerpo trabaje más en regular la temperatura, lo que significa que estás quemando más calorías.

Aquí viene una respuesta automática muy interesante, donde tu cuerpo busca el balance. Lo mismo ocurre cuando empiezas a hacer ejercicio que no hacías anteriormente; tu cuerpo buscará la homeostasis que es, en pocas palabras, el statu quo de tu cuerpo.

Entonces te dará más hambre, más antojo de donas, tu justificarás la dona extra diciendo que sí te la mereces porque estás haciendo ejercicio o tomando las pastillas quemagrasa y compensarás el trabajo extra con más calorías, pero te vas a quedar igual.

Una pastilla mágica para ganar dinero. Hablemos de inversiones en Forex, Keller Williams, EvoLife, Amway; todos los cursos en línea que te prometen llevarte al siguiente nivel de ganancias, de poder adquisitivo, de libertad económica. Sin importar cuál opción escojas, empezarás un proceso en donde la información muy posiblemente te pueda llevar a ese siguiente nivel, pero tarde o temprano te vas a dar cuenta que hay que trabajar para llegar a ese nivel.

No importa si vendes bienes raíces, inviertes en criptomonedas o solamente le haces creer a la gente que eres exitoso para que se inscriban a la nueva plataforma piramidal. Al final, activamente tienes que hacer el trabajo y, por eso, tanta gente fracasa en estos modelos mágicos, porque de mágicos no tienen nada.

Sin importar qué es lo que quieres lograr vas a tener que cambiar lo que estás haciendo hoy, porque si estuvieras haciendo lo que te va a llevar ahí, ya te estarías acercando. Para cambiar lo que haces, tienes que cambiar tus comportamientos diarios, porque ni te vas a hacer millonario con ahorrar un día ni vas a bajar de peso por comer ensalada un día o ir al gimnasio nueve horas seguidas.

Todo aquello que vale la pena lograr es un proceso, es como escalar una montaña. Te tienes que comprometer con la ruta de escalada y el avance progresivo sobre esa ruta de escalada que te llevará a la cumbre. El compromiso con ese sistema o con ese proceso te llevará no a una, sino a muchas cumbres.

En resumen, estás llena de hábitos para buscar cambiar algo específico en tu vida. Tienes que determinar cuál quieres que sea el resultado, después investigar a otras personas que ya han llegado a ese resultado y las actividades diarias que los llevaron ahí. De esas actividades, tienes que decidir cuáles tú puedes y quieres hacer y, lo más importante, la forma en cómo puedes generar que esa actividad se convierta en un hábito.

En mi caso, empecé a escribir porque me gusta mucho plasmar mis ideas en papel y siempre fue un pasatiempo. El día que decidí que quería publicar un libro empecé a tratar de hacerlo de manera ordenada, solo para darme cuenta que yo no era un escritor. Tuve todas las dudas, todas las razones para no hacerlo y, si bien empecé a escribirlo y a estructurar ideas, no avanzaba porque de verdad yo no era un escritor.

Leí de la manera en cómo los escritores reconocidos escribían, investigaban y se motivaban, y me di cuenta que mi principal problema es que yo no me consideraba un escritor. Necesitaba comportarme como lo hace un escritor para poder llegar a publicar no uno sino muchos libros.

Al analizar cuáles hábitos tenía que formar, me di cuenta que todos los escritores se sientan a escribir, así tenga ganas o no. Pero yo me sentaba a veces a escribir, no se me ocurría nada y me perdía procrastinando haciendo cualquier otra cosa en línea a la cual le pudiera yo atribuir importancia, para justificar mi hábito de procrastinar.

Una de las cosas que más disfruto en mi rutina mañanera es la de tomar café, y me lo preparo a mano y a mi modo. Anteriormente, lo ponía en un termo para llevármelo a la oficina o a mis juntas o tareas y diligencias. El café parece que me ayuda a concentrarme y como que cada que le doy un pequeño trago es justo el espacio necesario para descansar la mente y continuar.

Habiendo leído ya varias veces el libro de *Hábitos atómicos* y, utilizando una de sus técnicas de acumulación de hábitos, tomé la decisión de tomar café solamente si estaba escribiendo, por lo que ya no pongo el café en un termo, lo tengo en una jarra junto a una taza y mi computadora. El café me dura entre una y dos horas, mismas que ocupo diariamente en escribir, investigar y trabajar en lo que esté escribiendo.

Al principio, se sentía forzado y quería yo cambiar la atención a otras actividades, así que me puse reglas. No puedo trabajar en otra cosa, tengo que ignorar el correo electrónico, WhatsApp, redes sociales, las noticias, llamadas telefónicas, todo hasta que no termine de tomar mi café trabajando en mi escritura. Estas reglas son mi sistema.

El sistema al que llegué ya hoy generó un hábito, donde si no estoy escribiendo no disfruto mi café igual; es más, cuando por razones diversas no puedo escribir por tener otro compromiso, estar de viaje o lo que se presente, me espero a tomar café cuando esté sentado en calma frente a mi computadora, así sea en otro momento del día.

Si analizas, un pequeño hábito que generé para poder escribir, hizo muchos cambios en mi rutina diaria, en la forma en cómo empiezo el día, en lo que me motiva, la hora del día en que hago ejercicio, mis comportamientos respecto a la comunicación digital, etc. Al final, lo que conseguí fue comportarme como un escritor no solo cambiando un hábito y generando otro, sino que este hábito además cambió mi identidad.

¿Te acuerdas que te platiqué desde el principio que la píldora mágica para todo aquello que buscas está en el ser y no en el querer? Yo he llegado a mi meta de escribir y publicar libros porque soy un escritor, no porque me fuerzo de vez en cuando a escribir.

Algo muy bueno del sistema al que llegué es que me dio reglas muy claras que evitan que me distraiga fácilmente, porque las distracciones están por todos lados. Yo le llamo las drogas modernas porque nos comportamos como drogadictos hacia estas distracciones.

"No te elevas al nivel de tus metas,
te caes al nivel de tus sistemas".
JAMES CLEAR

XIX LAS ADICCIONES MODERNAS

Siempre me gustaron los juegos de video, desde niño con un juego de *ping pong* simple con dos barras que con perillas giratorias las hacían subir y bajar, y una bolita que iba de un lado al otro de la pantalla de la televisión. Luego, con computadoras y consolas rudimentarias hasta que ya estando en la universidad, con consolas y gráficos más complejos. Los juegos tenían una cierta historia y un término en donde a través de mundos o niveles llegabas al final y salvabas a la princesa o ganabas el campeonato.

Era bastante adictivo; afortunadamente no tenía ni todos los juegos ni las consolas modernas, me había quedado con el primer Nintendo y los juegos básicos, pero a cada tanto con algún amigo también fanático de los videojuegos rentábamos una consola y uno o dos juegos para jugar el fin de semana. No dormíamos, no hacíamos otra actividad más que jugar, avanzar en el juego y cuando el fin de semana había resultado fructífero, terminábamos el juego salvando a la princesa.

Con el paso del tiempo los juegos se volvieron más intensos, sin un final per se y los podías jugar a través de Internet, de tal forma que ya ni siquiera estabas en el mismo lugar con tus amigos, solamente estabas solo frente a una computadora pegado a la pantalla moviendo los dedos.

Poco a poco, le fui perdiendo la afición a los juegos, aunque me siguen gustando; pero recuerdo esos tiempos de adicción y pienso en todo lo que dejaba de hacer por estar pegado a un juego y me cuesta trabajo creerlo; dejé de salir con chicas, de conocer gente, de hacer deporte. Y, a diferencia de otras actividades, esta en específico no me traía ningún beneficio más que las horas de entretenimiento y la falta de sueño. Una gran distracción.

Droga

Este término se utiliza en el ámbito de la medicina y farmacología como sinónimo de "principio activo" o fármaco, tal como refleja la definición de la OMS. Sin embargo, otros autores señalan que «droga» es el término adecuado para referirse a una sustancia usada sin fines terapéuticos, autoadministrada y con potencial de abuso o dependencia, que produce placer.

Para fines de este capítulo, vamos a referirnos a droga como un estimulante que produce placer, capaz de generar dependencia y/o abuso, autosuministrado. Vamos a hablar de la adicción normal a ciertas cosas de la vida cotidiana y la manera en cómo estas cosas nos estimulan, nos dan un cierto tipo de placer inmediato y una necesidad de sentir ese placer.

Estos estimulantes son adictivos para todas las personas porque atacan nuestros centros del placer; la mayor parte de la gente vive con estas adicciones y las maneja hasta cierto punto, pero cabe mencionar que hay personas con adicciones que afectan su vida y necesitan ayuda profesional. Este capítulo no pretende curar adicciones sino hacerlas evidentes y, en mi afán por ayudar, quiero dejar un enlace a centros de ayuda en México y el mundo: https://findahelpline.com/mx

Uno de los factores de riesgo más grandes para volverte adicto a una droga es el acceso fácil a esa droga. Incluso si no la has probado, si el acceso es fácil, tarde o temprano la vas a probar y al probarla es más fácil volverte adicto.

En capítulos pasados hablamos de lo que ocurre en tu cuerpo desde que quieres algo hasta que lo obtienes. La búsqueda del placer es lo que te motiva a hacer por el deseo y entre más lo quieres más estás dispuesto a trabajar por obtenerlo. Pero lo quieres ya.

Si pudiéramos acceder a esos mecanismos para las metas a largo plazo, seríamos exactamente lo que queremos ser, pero para eso necesitamos retrasar la satisfacción o aprender a obtener satisfacción no placer del proceso. Si tú obtienes satisfacción de cultivar, el cosechar no será problema.

No será necesario hablar de todas, ya que en cuanto empieces a leer de las adicciones modernas, entenderás inmediatamente cuál o cuáles son las tuyas. Y si bien algunas no son como los fármacos, nocivas para la salud, son nocivas para la salud mental, para tus resultados y desempeño en muchos o en todos los ámbitos de tu vida y actúan más que nada como distracciones.

El dinero

La droga más común y para la cual todos tenemos una gran adicción, es el dinero. Nos trae un gran placer recibir dinero. Y este tiene su propia paradoja, porque el recibir dinero, pero de una fuente segura y constante, nos impide buscar generar no solo riqueza sino libertad financiera.

Así como la dona, que al saber que la vas a comprar y comer te empieza a generar placer (dopamina), de la misma manera el saber que vas a recibir dinero genera una sensación similar. La diferencia con la dona es que en realidad no la necesitas, tan solo es un antojo, y de necesitarla la podrías sustituir con algún otro postre o dulce.

El dinero no lo puedes sustituir, lo puedes obtener de diferentes maneras, pero lo necesitas para pagar tus gastos y gustos, incluyendo la dona. Es por ello que somos adictos al salario, te vas gastando la quincena poco a poco, pero entre más la gastas, más lejos ves la siguiente quincena. Aquí se combina el dolor de no tener dinero y el placer de obtenerlo, por eso es tan difícil dejar la comodidad de un salario aunque sea para buscar un mejor salario.

Y no solo eres adicta al salario, sino que también eres adicta a gastarlo, por el simple placer de comprar. El comprar está relacionado con el dinero como adicción porque no puedes comprar nada sin dinero. La adicción a comprar evita que ahorres y si ahorras solo lo haces para gastar en algo más grande o caro, solo para que al momento de comprarlo estes de nuevo sin dinero.

"El salario es esa droga que te dan para olvidarte de tus sueños"
Kevin O´Leary

Cuando un trabajador pierde su trabajo entra en un estado de impotencia, depresión, nervios y ansiedad, como un síndrome de abstinencia. Es curioso como cuando una persona pierde el trabajo tiene que superar la pérdida de manera psicológica para poder levantarse y encontrar otro trabajo.

Cuando un adicto pierde el acceso a su droga preferida, entra en un mundo estilo limbo en donde la vida pierde sentido y color. Cuando un adicto llega al nivel máximo de la adicción, toda su vida gira alrededor de la adicción, el poder recibirla se convierte en la prioridad principal.

Lo mismo pasa con el trabajo de muchas personas. El dinero que se recibe periódicamente se convierte en la prioridad principal y tu mundo empieza a girar alrededor de la fuente, o sea, tu trabajo.

Los humanos somos criaturas de hábitos, en el día a día nuestros pensamientos, acciones y comportamientos son básicamente iguales; de hecho, se considera que entre un 75 y un 99 %, y esto es lo que determina el éxito o fracaso en todas nuestras metas.

Si por ejemplo sigues un patrón de mejora continua en tus hábitos diarios, este es el camino para llegar a tus metas, y no tiene que ser abrupto, no tiene que ser un cambio de vida, el paso a paso y poco a poco consistentemente te llevará más lejos que los ciclos de cambio de hábitos y regreso a mis hábitos anteriores.

El salario te hace querer estar estancado, porque al recibirlo periódicamente y de forma segura, no tienes razón alguna de buscar otra fuente de ingreso. Con este ejemplo, el tener un trabajo asalariado determina tus comportamientos diarios: te levantas a la misma hora para seguir con la misma rutina, y repites el proceso día a día, esperando el fin de semana para descansar de tu trabajo y no hacer nada productivo.

El salario destruye tus posibilidades de generar libertad económica y riqueza. Sin importar cuánto ganas, si solo dependes de un salario, estás cambiando tu tiempo por dinero. Si no trabajas, no ganas.

Drogas digitales

Estas decidí agruparlas porque el *high* de esa satisfacción inmediata lo recibes de los mismos dispositivos. Si pensamos en un teléfono inteligente y toda la capacidad productiva que posee, podría parecer imposible hace tan solo quince años.

Tenemos en nuestras manos una herramienta impresionante de aprendizaje porque se pueden tomar infinidad de cursos en vivo o grabados; tienes a tu alcance casi todos los libros que se han escrito; tienes una biblioteca de conocimientos que tan solo hay que preguntar. Conectividad global, comunicación, traductor, diccionario, producción y edición de medios y mucho más...

Pero lo utilizas para jugar, apostar, comprar, chismear y ver videos de gatos haciendo malabares. Tienes una gran adicción a nunca estar aburrida. Es común esa comparación de cuando uno va al baño y se olvida el teléfono o lo tiene cargando y empiezas a leer todo lo que te encuentras, como los ingredientes del champú y la pasta de dientes.

Antes dejabas una colección de revistas y, aunque ya las hubieras leído, las volvías a ojear para no aburrirte. En la fila del supermercado y en la fila del banco, hoy todos nos metemos en nuestros teléfonos.

Sales a cenar con tu pareja o con alguien que te gusta y en cuanto se levantan al baño tomas tu teléfono. Incluso, viendo la televisión, una serie que te gusta mucho, hace una pausa por la introducción o los títulos del final y levantas tu teléfono para no aburrirte los treinta segundos que tarda en cambiar al episodio siguiente.

Lo último que haces antes de dormir es en tu teléfono y lo primero que haces al levantarte es tomar tu teléfono. Dicen de los alcohólicos que puedes determinar tu grado de alcoholismo si levantándote en la mañana se te antoja una cerveza o alguna otra bebida que tenga alcohol. Y lo primero que haces cuando te despiertas es ver tu teléfono, eres una adicta.

Y ojo, no estás sola, te confieso que yo soy adicto también y me sorprendo haciendo el famoso *scrolling* en redes y es trabajo, es incómodo apagar el teléfono y seguir con lo que estaba haciendo.

Levantas tu teléfono para contestar un mensaje o enviar un mensaje importante y, sin darte cuenta, ya estás en redes sociales o jugando un juego al que ya te hiciste adicta. Y como la dona, si solo la comes de vez en cuando no es mala, pero si te comes cinco al día no son tan buenas para tus metas de nutrición, salud y estética.

El entretenimiento digital es buenísimo, el sobreentretenimiento digital (adicción a no aburrirte) no tanto. Los programas y plataformas digitales de entretenimiento están diseñadas para generar placer y adicción.

Los videojuegos, por ejemplo, siguen una línea de progreso, hay premios y niveles que te hacen sentir el placer del avance, hasta piensas "cómo lo voy a dejar si ya llegué hasta aquí". Lo mejor que puedes hacer, primero, es tener conciencia de tu adicción, y darte tiempos determinados para jugar o estar en redes sociales. Revisa en tu teléfono cuántas horas al día pasas y en qué aplicaciones para que aumente esa conciencia.

Después, toma buenas decisiones; por ejemplo, yo borré todos los juegos, así no me tiento a jugar; pongo en mi teléfono el "no molestar" cuando trabajo y en la noche; no contesto mensajes, ni correos ni reviso mi teléfono hasta después de hacer mi rutina mañanera. También me pongo audiolibros o podcasts en el gimnasio e ignoro todo lo demás hasta que termino de entrenar.

Por otro lado, en esta época digital, de conectividad y adicción a no estar aburridos, date el tiempo de reflexionar, evita siempre estar conectado, ve a caminar y solo piensa, observa; te va a sorprender lo creativa que eres, y todo aquello que se te va a venir a la mente.

Con mis hijos, a quienes sí se los permitimos, prefieren un iPad o un iPhone a hacer cualquier otra actividad. Se los quitas y primero viene un berrinche, un llanto, una explicación, después un aburrimiento y una exigencia de que están aburridos, pero si pasas por todas esas etapas, sucede algo maravilloso: descubren juguetes y actividades que dejaron a un lado, se despierta su creatividad y se entretienen naturalmente, aprenden y buscan.

Lo mismo sucede con el adulto al que desconectas; primero, se desespera; luego. se aburre; después, siente impotencia, desconexión y síndrome de abstinencia, pero pasado un tiempo empieza la reflexión a partir de la memoria y, con ella, creatividad. La adicción al no aburrirnos cómo sociedad está matando la creatividad y, por ende, la innovación a nivel de personas.

Date el tiempo de reflexionar y verás cómo aparecen soluciones simples a problemas recurrentes, eso que estabas buscando para tu negocio, ese negocio, el cómo decir eso que vienes postergando.

Lo negativo

¿Qué pasa cuando te cuentan un chisme? Hay dos tipos de chismes, uno positivo, por ejemplo: "Moisés publicó un libro". Y uno negativo, como "Moisés chocó su coche nuevo".

Los chismes, como las noticias, son una manera de enterarnos de las cosas que pasan a nuestro alrededor. Pero existe un fenómeno muy interesante en donde lo positivo lo escuchamos, quizá lo repetimos, quizá nos dé gusto por la persona que logró algo bueno, pero por lo regular muere rápido.

Sin embargo, un chisme negativo lo repetimos con más ímpetu, queremos ser los primeros en saberlo y contarlo, tener todos los detalles o, incluso más detalles que los demás. Un chisme de algo malo dura más en el aire, se repite más veces y empieza más conversaciones que un chisme de algo bueno.

Si eres de las personas que se consideran informadas en torno a eventos mundiales, a la economía o simplemente a lo que sucede en tu comunidad y eres de los que sigue canales de noticias, quizá seas un poco chapada a la antigua y te guste leer uno o varios periódicos y revistas, ya sea en digital o impreso.

El tema con las noticias es que no hablan de lo que no ocurre, nunca has escuchado a un reportero decir algo así: "Soy Moisés Nava, reportando desde este país lejano donde no se ha desatado la guerra, no hubo terremotos ni tsunamis, tampoco balaceras y la gente es normal y vive en paz".

Después, si podemos analizar las noticias positivas y las noticias negativas, nos daríamos cuenta que suceden en líneas del tiempo diferentes; una guerra se desata de la noche a la mañana, la expectativa de vida humana se incrementa poco a poco a través del trabajo de muchas personas a través del tiempo. Los eventos malos suceden de repente y los eventos buenos no se construyen en un día.

La naturaleza de las noticias distorsiona la perspectiva del mundo en los humanos. La gente estima la probabilidad y frecuencia de un evento por la facilidad de ver que ocurre, esto por lo general es una buena regla de vida, mas hoy en día con el acceso a la información tan desmedido, la información estará sesgada.

Un accidente aéreo llama mucho más la atención que un accidente automovilístico. Un avión que se cae es noticia mundial y un choque entre vehículos es solo noticia local. Estadísticamente hablando, los accidentes automovilísticos matan a más personas al año que los accidentes aéreos. Y te encuentras a muchas personas con miedo a volar, sin embargo, muy pocas con miedo a subirse a un automóvil. Un tornado, huracán o tsunami llega a las noticias, pero hay más muertes al año por algo tan sencillo como el asma.

Un analista de nombre Kaled Leetaru estudió todos los artículos de The New York Times desde 1945 hasta 2005. La técnica se llama "Sentimient mining"; comprueba el tono emocional de un texto determinado a través del contexto de las palabras, ya sea que tengan connotación negativa o positiva como bueno, bonito, terrible, horrífico, etc.

The New York Times, desde 1960, empezó a ponerse más y más negativo en sus historias y en títulos de las mismas. Este es un fenómeno de la competencia por vender, de la sobredemanda de medios, lo cual ha ido en aumento desde los sesenta, y con el uso de tecnología tuvo una explosión a partir de los teléfonos inteligentes.

Las noticias negativas venden, llaman la atención y nos impulsan a leerlo, le puedes llamar morbo o simple curiosidad, pero la realidad es que queremos saber cuando algo malo ha pasado.

Los políticos lo utilizan para sus campañas en donde le hacen creer a la población que las cosas están cada vez peor que antes siendo que, si te vas a los índices de crecimiento, de educación, de economía, de salud, expectativas de vida y hasta ingreso *per capita* en el mundo, la generalidad es que estamos mejor que nunca.

Hans Rosling lo comprobó haciendo estas estadísticas visibles de manera gráfica y no se enfocó solo en países sino en todo el mundo. Si te quieres sorprender ve a Youtube y busca "The best stats you´ve ever seen".

Te menciono esta charla que dio Rosling en TED porque estoy seguro que tienes dudas de lo que digo. Seguramente, te acordarás de alguna matanza masiva en una escuela en Estados Unidos, de algún acontecimiento relacionado con el crimen organizado en México, de la guerra entre Rusia y la OTAN por Ucrania, y digas que estamos peor. Pero no es así.

Si bien todavía hay muchas diferencias entre humanos, guerras, hambre, pobreza extrema, violencia y demás cosas negativas, el mundo, nuestra civilización moderna está donde nunca había estado, y deberíamos estar agradecidos por ello. Pero como solo vemos lo malo y damos por hecho lo bueno, entre más involucrado estás con las noticias, más piensas que las cosas están mal.

Prueba buscar las cosas buenas que pasan en el mundo dentro de las publicaciones que sigues. Busca nuevas publicaciones. No dejes que Google, Facebook, Yahoo o tus buscadores de preferencia te sigan alimentando negatividad a través del algoritmo que ya he aprendido que eso es lo que más te llama la atención.

Todas las emociones negativas que sientes cuando lees, escuchas o ves toda esa información como la preocupación, la ansiedad y el estrés, son emociones conocidas y es más fácil recurrir a emociones negativas que a la incertidumbre de no saber cómo sentirte. Es más cómodo seguir pensando en un mundo peligroso y negativo que abrirse a más opciones.

Las personas, por lo general, somos muy parecidas y si bien los valores cambian entre seres humanos, naturalmente somos buenos, basta tan solo una gota de apertura, encontrar cosas en común, y platicar cinco minutos con alguien desconocido para ver similitudes.

No te dejes llevar por la negatividad, deja de buscar noticias que te hagan sentir de una forma reconocible; mejor conecta con más personas y enamórate de nuevo con el mundo.

Distracción

Todo aquello que desvía tu atención. El recurso más importante que tenemos se dice que es el tiempo, ya que es el único recurso que una vez consumido nunca regresa, pero a mí me gusta más el concepto de "la atención" como recurso.

Si sabemos que aquello en donde centramos nuestra atención o enfoque se expande, entonces todo el tiempo que desviamos nuestra atención le cuesta en términos de crecimiento a todo aquello que no le estamos poniendo atención. Es decir, para todo aquello que deseas, es necesario trabajarlo y para poder trabajarlo es necesario dedicarle tiempo y atención.

Si tienes un proyecto, el que sea, entre más atención le des, mejor calidad tendrá y más rápido llegarás a tu logro. Todo el tiempo que consumes en alguna forma de distracción, es tiempo que restas a ese recurso para llegar al logro.

La atención de los humanos es tan delicada que se pierde muy fácilmente, con un ruido, un olor, algo que vemos o escuchamos. Cualquier cambio en nuestros sentidos es razón suficiente para distraernos.

Y somos adictos a distraernos, como comentaba en el tema de las drogas digitales, la adicción funciona para no aburrirnos y claro que es más grato ver videos de superhéroes o de cosas chistosas como los gatos bailando *ballet*, que enfocarnos en el trabajo, en la novela que estás escribiendo, en el negocio que quieres poner, en el mueble que tienes que armar, en el orden que quieres tener en casa u oficina, y hasta en el tiempo que le vas a dedicar a hacer ejercicio.

Hay días que llego al gimnasio sin ganas y cansado, y me pongo a ver cualquier cantidad de cosas en mi teléfono, consumiendo el tiempo que había designado a estar entrenando, y duele, de verdad toma mucho trabajo, concentración y fuerza de voluntad apagarlo y continuar.

Lo mismo me ocurre cuando la creatividad se me ha agotado y estoy sentado frente a la computadora tratando de escribir estas líneas. Mi mente quiere los videos de gatitos, se pregunta qué estará pasando en Facebook y hasta me pide que cheque cosas del trabajo, todo para distraerme de hacer lo que tengo que hacer en este momento.

Todas las sustancias como el alcohol, marihuana, pastillas, medicinas, todo aquello que te cambia la conciencia es un distractor. Todas las plataformas digitales, incluyendo juegos, videos, redes, series, películas, noticias, mensajes, son un gran distractor. Ni hablar de otro tipo de adicciones como la pornografía y las apuestas; son grandes distractores.

Protege tu tiempo, sobre todo, el tiempo que decides utilizar en cosas productivas. Decide también el tiempo que vas a dedicar al entretenimiento, al ejercicio, a la salud, al aprendizaje y no los mezcles. No somos buenos haciendo varias cosas al mismo tiempo, aunque pareciera que sí se ha comprobado que cada vez que cambias de una actividad a otra, en vez de estar optimizando, estás consumiendo más de tu tiempo en cambiar de una a la otra.

En lo que escribo esto, me han llegado tres o cuatro mensajes de un grupo de amigos que seguramente se están poniendo de acuerdo para reunirnos la próxima semana. No es urgente, sin embargo, las ganas de ver la conversación cada vez son mayores. Cometí el error de voltear a ver mi teléfono y saber de quién es el mensaje. Al hacerlo, me distraje unos segundos de lo que estaba haciendo y me costó muchos segundos más retomar donde estaba, primero por lo que estaba pensando y segundo porque tuve que releer el párrafo anterior. ¡Ya lo apagué!

Ser víctima

Así como somos adictos a lo negativo, hay una adicción a la autovictimización, en donde es más fácil vernos como los afectados de un sistema político, de una vida específica, de oportunidades o la falta de ellas, etc. Mucha gente prefiere pensar que realmente están oprimidos por cualquier cantidad de fuerzas e influencias para estar en el nivel social, económico, de desempeño, de motivación y de resultados donde se encuentran. Pero es más fácil pensar así porque el pensar diferente solo les haría entender que pueden tener más y mejor, siempre y cuando encuentren la manera y trabajen por ello.

Existen también personas que han sufrido una gran adversidad, como un abuso sexual, un accidente, una incapacidad, etc., donde una pequeña parte de esta gente utiliza esa gran adversidad para crecer y desarrollarse. La otra se queda estancada en la adversidad y piensa que su vida quedó marcada y no pueden salir de ahí.

El ser víctima es una adicción, y te gusta porque como víctima te reconoces fácil; no tienes que justificar tu falta de ganas o de hambre de hacer, ser y tener.

Parte de la adicción a lo negativo y al ser víctima, es aquella en donde te vuelves adicta a la narrativa, es decir, la historia que te cuentas de cómo lo negativo, el sistema o las personas te afectaron a ti en una manera muy peculiar. Este tipo de adicción a la narrativa es muy común en relaciones tóxicas, donde una parte de la pareja se sigue quejando y sufriendo la relación incluso años después de separados.

Tengo una amiga que se divorció por problemas normales en la relación, ella solo ve su lado y se victimiza, está demandando a su exesposo por dinero y propiedades. Por lo mismo, no puede tener un trabajo fijo y formal, porque de tenerlo ya no podría pedir tanto dinero en el juicio. No tienen hijos ni siquiera mascotas por las cuales pelear manutención.

Ella es adicta a la narrativa de la relación, se reconoce como la víctima de su exmarido y toda su vida revuelve alrededor de esa narrativa. No se puede casar de nuevo, ni siquiera vivir o convivir con una nueva pareja en su casa porque se puede prestar a perder parte de lo que pide en el juicio. Este juicio lleva más de ocho años y su vida está en pausa por adicción.

El coraje

Mucha gente vive enojada o, por lo menos, esa es la apariencia que nos dan, de siempre estarse quejando de la gente, del sistema, de lo que todo el mundo hace en contra de ellas. Pero no a manera de víctima oprimida sino a manera de justificación por su carácter.

Si yo me puedo quejar de lo difícil que es hacer un trámite como un cambio de placas en mi coche o sacar un pasaporte, una licencia de funcionamiento, nueva licencia de conducir, etc., que todos sabemos que son tediosos y burocráticos, por un lado, tengo algo negativo de que platicar, como ese chisme negativo que es más pegajoso. Pero también demuestro todo lo que trabajé por conseguir algo. Es la manera en que mucha gente se echa flores de lo mucho que trabaja, o de lo mucho que sufre al trabajar.

Tengo un socio y buen amigo que siempre habla de manera negativa del trabajo que hace y tiene una frase clásica con la cual empieza su conversación acerca de su día: "Hoy fue brutal...", así empieza la historia que va a contar. Y hablando seriamente con él, le he sugerido dejar ese trabajo, contratar a alguien para que lo haga o simplemente cerrar ese lado del negocio si es que en verdad es tan difícil.

Y he llegado a la conclusión que ama lo que hace, pero al referirse a lo que hace siempre lo cuenta como algo en extremo difícil, negativo y complicado. Es adicto a ver y contar su trabajo en ese tono, y da la impresión de que siempre está de malas.

Por otro lado, existen personas que se dejan llevar por los detalles como algún incidente con otra persona en el camino a trabajar o a la escuela, en donde haces coraje en tu coche o en la calle por lo que alguien más hace y pretendes que lo hace en tu contra, aunque dicha persona ni te conoce, y quizá solo te aventó y pegó sin querer porque lleva prisa,

Capaz y se metió en tu carril de manera agresiva, pero viene pensando en su día. Y, como dice Margaret Wheatley, "no puedes odiar a aquella persona de la cual conoces su historia". Entonces, te puedes contar una historia de que la gente te hace las cosas a ti o las hace por una necesidad más grande.

Un día, venía con mis hijos de regreso de cenar y se metió agresivamente un coche que hasta nos hizo cambiar de carril y todos tuvieron algún comentario. Yo, en ocasiones, reacciono y hasta me quiero desquitar como cualquier humano normal, pera al venir con mis hijos es mucho más fácil contarme una historia mejor y dejar la emoción negativa pasar.

Les hice una historia de cómo el conductor del otro coche tenía diarrea y no iba a poder llegar a su casa o a un baño a tiempo, y todos empezamos a agregar detalles de lo que le pasaba y cómo le iba a pasar. En vez de enojarme y ponerme a mí y a mis hijos en riesgo buscando un desquite o el típico "le voy a dar una lección", nos divertimos mucho.

Cuando te enojas con una persona en específico; una socia, amiga, novio, familiar, pero para el ejemplo digamos que rompes con una pareja porque te engañó, te trataba mal, en fin, imagina a la peor pareja que has tenido y tú estabas loca por esta persona; la primera reacción siempre es la de enojarnos.

Todo lo relacionado con esa persona nos hace enojar, pasan los años y lo más sano es dejar ir ese coraje; es más, puedes volver a ver a la persona en la calle sin tener emoción alguna. Pero esto no es la generalidad de la gente. Las personas en su afán de siempre tener razón buscan seguir enojadas con esa persona para seguir probando que tienen razón. La realidad es que por más que a ti te haya lastimado mucho esa relación y ese rompimiento, en cualquier pareja, el problema viene de ambos, viene de la relación y no de una sola persona.

Esa manera de ser lo único que genera es que tengas relaciones iguales una y otra vez con personas diferentes. Si sigues en tu afán de tener razón no habrá aprendizaje alguno. Aquí el problema es que cuando dejas de lado el coraje, viene el dolor, y le tenemos mucho miedo al dolor. Pero si aceptas el dolor, lo procesas, aprendes y lo sueltas, te vas a sentir mucho mejor contigo a diferencia de seguir guardando rencores.

Tener razón

Somos adictos a tener la razón, no solo frente a otras personas sino frente a nosotros mismos. Cuando ya tomaste una decisión, la quieres mantener y quieres seguir probando que es la correcta. Las creencias que tienes con base en el dinero, la economía, la política, la religión, los juicios que te haces de otras personas y hasta lo que crees de ti, lo vas a defender a capa y espada.

Es muy común el dicho de "el pobre es pobre porque quiere" y trae emociones encontradas en mucha gente. Yo creo que a partir de cierto nivel de necesidades cubiertas, esta premisa es cierta, aunque mucho depende del lugar donde estés, de los límites impuestos por algún gobierno, quizá un conflicto armado y más condiciones que pueden no estar en tu área de influencia que lo complican aún más.

Pero sin considerar esas dificultades añadidas, la creo cierta, y también creo que la gente que piensa que no es verdadera tiene razón, y tiene razón porque se va a convencer dentro de su propia mente que el que nace pobre seguirá pobre, que no hay nada que pueda hacer para salir de esa situación y encontrará información que pruebe su creencia, se comportará de acuerdo con esa creencia y, efectivamente, seguirá pobre.

Ahora cambiemos la creencia un poco y preguntemos: ¿el gordo es gordo porque quiere? Biológicamente, todos tenemos la capacidad de tener un peso ideal y mantenerlo, entonces también creo que esta premisa es cierta, pero mucha gente quiere convencerse de que son de hueso ancho, el metabolismo es más lento, la genética es diferente, es que los padres, etc.

Lo curioso es que con el sobrepeso suenan un poco más ridículas esas justificaciones. Y, si inmediatamente pensaste que sí hay condiciones que tienen algunas personas que les generan sobrepeso, tienes razón; pero estoy seguro que tú no y lo que un porcentaje muy bajo de la población padezca no es justificación para ti (aunque no te hayas checado).

La adicción a querer tener razón va más allá de un simple "estoy en lo correcto", y ya hablamos de esto en capítulos anteriores con los atajos mentales y las respuestas automáticas.

El escape

Llamé este capítulo"las drogas modernas", aunque hablo de adicciones. Los humanos somos propensos a caer, unos más que otros, pero ciertos patrones de comportamiento nos llevan a ello. Y, aunque mi enfoque no es el de hablar de adicciones *per se*, no quiero dejar de mencionar las principales adicciones de las que tenemos que cuidarnos.

Sustancias legales y aceptadas como el alcohol y la mariguana pueden verse como recreativas. Para fines de este libro, solo los voy a ver como distractores, ese tipo de sustancias que hacen que evitemos nuestras vidas, son un escape a nuestras vidas y a nuestros problemas, muy similar a cómo actúan las drogas digitales con el extra de que no son saludables, y pueden traer repercusiones en tu salud si se abusa en su consumo.

Si tu adicción es por entretenimiento y para pasar un buen rato interactuando con otras personas, se puede decir lo mismo de la adicción digital. Solo ten en cuenta cuánto y cómo lo haces, reduce el consumo en lo posible y sé consciente del mismo.

Ahora, si tu adicción es para escapar, tienes que trabajar la razón de tu escape y resolver los problemas que te perturban. Los problemas no se van por sí solos, y si tú te escapas, solamente estás evitando lo inevitable, así como el famoso *ghosting*. El evitar tener una conversación difícil no resuelve nada, simplemente estás dejando algo pendiente, no se soluciona nada evitando aquello que se puede resolver.

El escape pareciera ser la manera más fácil de evitar los obstáculos, pero si quieres cruzar un río, el evitar el río nunca hará que llegues al otro lado. Es común en estos tiempos modernos de desconexión humana que los trabajadores prefieran renunciar a sus trabajos antes de tener una conversación difícil con sus jefes. Es más fácil desaparecer del WhatsApp bloqueando a esa persona con la que ya no quieres salir, pero prefieres no tener la conversación difícil, hemos normalizado el escape.

Y el escape genera estrés, ansiedad y todas esas emociones negativas que van en aumento, incluyendo el suicidio. El escape se manifiesta de muchas maneras, empezando por alcohol y drogas que nos generan euforia y olvidamos por el tiempo en que estamos bajo su influencia todo lo miserable de nuestras vidas, solo para regresar a ellas al día siguiente y, encima, con resaca.

Quizá tu relación sentimental no es lo que era hace unos años en la cama, y eso te trae frustración y enojo, así que te distraes con masturbación y pornografía. También te puedes distraer de tus problemas de pareja o falta de satisfacción laboral con otras relaciones, con estimulantes o simplemente viviendo en línea.

Los chismes de las celebridades son un gran distractor haciéndote sentir conexión con esa gente glamorosa que nos ha hecho pensar que tenemos que ser como ellos. Ejemplos sobran, y todos utilizamos distractores de una u otra manera para tapar obstáculos.

El trabajo que tienes que hacer si quieres tener menos o, al menos, controlar tus distractores, es generar conciencia de los mismos y atacar la causa, o sea, el obstáculo. Ten las conversaciones difíciles, trabaja en tus relaciones de pareja, de amistad, familiares, de negocio.

Tu vida es y será lo que tú decidas que sea, en vez de vivir evitándola, trabaja en hacerla como la quieres, utiliza tu tiempo para generar una vida tuya, en vez de solo consumir el tiempo y tu atención en todos los distractores.

Las personas con grandes niveles de éxito, en cualquier ámbito que se te ocurra, lo han hecho a través de encontrar algo más grande que ellos, es decir, una causa, un proyecto que le dé sentido a sus vidas y le han dedicado su vida. Esto no solo es una fórmula efectiva para tener éxito, sino que es una fórmula efectiva para vivir motivada y feliz.

Conclusión

Las drogas modernas, como yo les llamo, no necesariamente son drogas en el estricto sentido de la palabra, pero al producir en ti un placer inmediato, un *shot* de dopamina en tu cerebro, se comportan exactamente como una droga.

Las drogas son un escape, una distracción, una manera de tapar los problemas, los obstáculos, de no decidir, de no hacer, de justificar, de tener razón en cómo somos y de no cambiar, pero más importante, son una manera de no aceptar todo aquello que es tan difícil de aceptar.

No eres única (y aunque sí lo seas), no eres la más guapa, la más buena, la más estética, la más inteligente, la más empática, la más carismática, la más trabajadora, no eres la más en nada, aunque estás llena de talentos y virtudes.

En la mayor parte de tu vida eres mediocre, y la mediocridad no es una mala palabra, simplemente significa de la media, o sea, como la mayor parte de las personas. En la aceptación de tu mediocridad está el crecimiento, así como en la aceptación del dolor está la felicidad y en la aceptación de la muerte está el vivir.

El amor propio no se trata de aceptarnos como somos y ya, se trata de aceptar nuestras carencias para poder crecer de ellas. Si tienes obesidad no se trata de verte al espejo con amor para aceptarte, se trata de verte en el espejo con amor para buscar un peso saludable.

No se trata de trabajar en tus debilidades para ser promedio en ellas, se trata de aceptarlas para ser excelente en tus talentos y en esas cosas que de verdad te llenan. Nos distraemos toda la vida para no pensar en el día que se nos terminen las canicas solo para no vivirla de la manera en que nos hubiera gustado, de haber sabido el desenlace.

Una de las mayores adicciones de nuestros tiempos es la de huirle al dolor; es más, como hemos visto durante todo el libro, estamos programados para no aceptar el dolor, pero es diferente buscar placer que huirle al dolor, por eso el capítulo siguiente se enfoca específicamente en esto.

X ¿HUIRLE AL DOLOR?

"El dolor en la vida no es evitable, pero el dolor que creamos
para evitar el dolor, ese si es evitable".
R.D. LAING

No solo estamos programados para buscar el placer sino huirle al dolor. El problema de huirle al dolor es que la vida no es fácil, y no es fácil porque existen dos extremos para todas las cosas, una polaridad que nos hace apreciar el lado opuesto.

Sin frío no conoceríamos el calor y viceversa, oscuridad y luz, día y noche, carencia y abundancia, dolor y placer, felicidad y tristeza, etc. y, aunque la gran mayoría de los humanos vivimos lejos de los extremos en un rango intermedio, siempre buscamos lo positivo.

Pero curiosamente, por sobrevivencia, somos más sensibles a percibir lo negativo. Esto a su vez es más atractivo a nuestros sentidos y le damos una mayor importancia en atención. Huirle al dolor es importante para preservar la salud, la integridad física y mantenernos vivos, ¿pero qué sucede cuando queremos huirle tanto al dolor que entramos en un trance de comodidad?

Positivismo tóxico

Este se podría considerar como una adicción moderna, pero no lo quise poner en el capítulo anterior porque este tipo de positivismo es una de las consecuencias de nuestra sociedad moderna, en donde tenemos abundancia de todo, tanta abundancia que queremos tener abundancia de felicidad también.

En tiempos en donde todo tiene que ser bueno, mágico y bonito, vivimos una de las pandemias más fuertes de depresión y ansiedad. Queremos ser positivos y siempre sonreír, siempre ver lo bueno de las cosas, tanto que queremos tapar con un dedo todo lo negativo. No se puede, siempre va a haber dolor. Esta es una condición humana, cosas difíciles, corriente en contra, lo llames como lo llames, no hay manera de evitarlo.

El positivismo tóxico es aquel en donde se potencian las emociones, los pronósticos y los planes positivos y se rechaza todo lo negativo, y es tan insostenible que genera disonancia cognitiva, misma que produce más dolor que simplemente aceptar que va a haber dolor y va a haber cosas negativas en nuestra vida.

Desde la introducción que te hice para que conocieras a Ötzi, te hablé de programaciones genéticas que tenemos todos los humanos desde tiempos ancestrales; una de esas respuestas automáticas es la de evitar el dolor. Por un lado, queremos evitar el dolor físico, donde sabemos que al sentirlo, algo nos está lastimando, pero por otro queremos evitar a toda costa el dolor emocional, mental, social, las incomodidades y las dificultades.

Todos los humanos tenemos la capacidad biológica de tener cuerpos atléticos y musculosos. Los corredores de maratón generan cuerpos delgados y ligeros que les ayudan en su deporte; los gimnastas cuerpos estéticos pero llenos de músculo; los levantadores olímpicos van a tener más músculo y los fisicoculturistas todavía más.

Si bien sabemos que hoy en día hay un sinnúmero de sustancias químicas que ayudan en el desempeño atlético y la construcción de fibras musculares, estas sustancias no evitan el dolor del trabajo físico que se requiere para tener el músculo adecuado para un deporte específico.

Si pensamos en una gimnasta, no solo es el cuerpo necesario sino las habilidades y capacidades que logran, que no sé tú, pero a mí me sorprende de lo que es capaz el cuerpo humano.

Ahora que me fui al extremo de los deportistas de alto rendimiento, regresemos a poner los pies en la tierra, donde sin importar tu peso, estética y capacidad actual, puedes generar el tipo de cuerpo y habilidades que desees.

¿De qué depende que lo generes? Primero, que realmente lo quieras, porque me encuentro con muchísima gente que quiere el cuerpo ideal pero no están dispuestas a hacer lo necesario.

Y segundo, la disciplina; generar un estilo de vida que sirva para generar una meta. Un cuerpo ideal es doloroso, correr todos los días para entrenar y ser un maratonista duele, levantar pesas, nadar, estirar y aprender habilidades nuevas duele y duele todos los días.

Trabajar, duele, emprender, duele. Tener pláticas complicadas o difíciles con gente a la que quieres o con quien trabajas, duele. Empezar lo que sea. duele. Ser malísimo en algo, duele.

Sentirte que no sabes, que eres el único que no sabe, el más novato, el principiante, hacer preguntas, no entender, duele. El cambio, duele. El fracasar. duele. Y duele mucho, tanto que no lo quieres hacer.

La búsqueda del placer inmediato, esa dona simbólica de la cual hablo todo el tiempo, todos los distractores que mencioné en el capítulo de las drogas modernas, esos placeres que buscas a diario y que te mantienen distraído del dolor, a la larga son más dolorosos, pero no te das cuenta.

Y no te das cuenta porque tu persona de hoy quiere el placer hoy y tu persona del mañana o del futuro, como te explique en el capítulo de tus dos personas, no tiene capacidad de decisión. Solamente puedes decidir hacer o hacer diferente hoy, no en un futuro, y no puedes ver tu futuro como un placer sin pasar por el dolor hoy.

Las cosas funcionan al revés, es decir, si decides tener el placer de la dona hoy, en un futuro tendrás que vivir con el dolor de una diabetes, sobrepeso, falta de movilidad, presión arterial alta y todo lo demás que se te ocurra.

Si prefieres el placer de gastarte tu sueldo completito hoy porque las cosas en que lo gastas te dan placer, un día vas a sufrir el dolor de no tener para pagar la renta, de no poderte retirar porque sin trabajar no ganas suficiente dinero, de depender de tus hijos o de la caridad del gobierno.

No hay dolor más fuerte que tener que limitar tu estilo de vida porque no te alcanza, sin embargo, en México, más del 65 % de la población de adultos mayores se ve obligada a sufrirlo.

Si prefieres el placer sexual hoy, tendrás que vivir con el dolor de no tener compañía después de una enfermedad de transmisión sexual o un embarazo no deseado. Si prefieres el placer de tener razón hoy, sufrirás el dolor de romper con tu pareja, con tu socia, con tu amiga.

La vida, los negocios, las relaciones, el cuerpo ideal, la libertad económica no se ganan, y para tener resultados positivos constantes, se tiene que llegar a tener un cierto dolor o sacrificio.

Por ejemplo, yo amo a mis hijos y siempre quiero lo mejor para ellos; pero esto no quiere decir que siempre me caigan bien, como cuando hacen un berrinche, se portan mal, se pelean entre ellos, se gritan, me gritan o me exigen. Tampoco es grato castigarlos o regañarlos, la escuela y todas sus actividades son caras, tener hijos duele, pero sí le preguntas a la gran mayoría de padres y madres te dirán que ese dolor vale la pena.

Si al nacer cualquier pequeño humano se le diera la opción a los padres de escribir su futuro con base en placeres y dolores... ¿cómo escribirlas el de tu bebé?, ¿cómo te gustaría que tus padres hubieran escrito el tuyo?

Me gustaría que de verdad te tomaras el tiempo de reflexionar esto, porque no creo que ningún padre o madre esté pensando en el placer de la dona, de la pornografía, del gasto en pendejadas, del placer sexual, de las drogas mentales y químicas y, mucho menos, pensará en el dolor de enfermedades como las causadas por un estilo de vida de sobreabuso de la comida, alcohol o drogas. Mucho menos el dolor de no tener buenas relaciones y todas las enfermedades mentales que se derivan de eso, como la depresión, la ansiedad y el estrés.

¿Y qué me dices del dolor de no tener suficiente dinero, y de no tener satisfacción y realización en su vida? Pero si le das la opción a cualquier padre de quitarle todas las adversidades a su bebé por el resto de su vida, ¿crees que se las quitaría?

Al final, las adversidades son las que forman el carácter, de las adversidades se aprende y las adversidades te cambian la perspectiva del mundo y de tu vida. Paradójicamente, "si hubiera tenido la mente que tengo hoy, no me hubiera equivocado tanto, pero si no me hubiese equivocado tanto, no tendría la mente que tengo hoy".

Dolor del fracaso

Después de leer lo que acabas de leer, espero haber cambiado un poco tu perspectiva del dolor. Hay otro dolor del cual no he hablado que es el dolor del fracaso. En algún momento de tu historia te convenciste de que fracasar es malo.

En la escuela nos enseñaron a no tener errores, en clase, en las tareas y en los exámenes, pero todo lo que veíamos en clase estaba escrito, había reglas, cifras, fechas y respuestas correctas.

La vida no tiene reglas, ni respuestas correctas; cada uno de nosotros va encontrando esas respuestas, y no son ni malas ni buenas, simplemente son nuestras respuestas. Y las respuestas a las que has llegado son las que determinan cómo vives tu vida; todo es resultado de las respuestas a las que has llegado.

Entre más profundas y difíciles las preguntas que estás dispuesta a hacerte, más profundas y complejas serán tus respuestas, y de esto hablo a detalle en el capítulo de la "Píldora Mágica". Por ahora, solo te voy a mencionar que esa adicción que todos tendemos a tener razón es la que hace que no te hagas preguntas más complejas y, por ende, generes respuestas que provoquen cosas diferentes, como todo eso que pretendes y que todavía no consigues.

El fracaso es un dolor complejo porque afecta todos tus sistemas, tu organismo reacciona con todo en su contra. Empezamos con el miedo, con esa vocecita que te dice todas las razones por las cuales vas a fracasar y las razones por las cuales no deberías ni de empezar.

La resistencia

Cuando fracasas en algo, recibes todas las razones por las cuales sucedió sin ser tu culpa. Los sesgos cognitivos. Cuando ves el fracaso cerca, te das por vencida y justificas el darte por vencida con un montón de argumentos que parecen reales. Adicción a tener razón.

Te da miedo el "qué dirán" si fracasas. La presión social. También la presión social te hará no hacer lo que tus compañeros de grupo no hacen, porque también "¿qué dirán?". O en efecto te lo dicen.

Y cómo tienes aversión al dolor y a la pérdida, prefieres pensar que sigues siendo la misma persona, no quieres cambiar, ni que el mundo cambie. No obstante, no hay éxito sin fracaso, las veces que te equivoques son caminos para encontrar mejores respuestas.

Estás rodeada de aparatos eléctricos, hoy dependemos de la electricidad para poder tener el estilo de vida que tenemos y todo empezó con un inventor loco que pensó que se podía tener luz artificial. En una entrevista después de tener muchos inventos exitosos, le preguntaron cómo había llegado a tener éxito en inventar la bombilla eléctrica y respondió que en sus apuntes tenía más de diez mil experimentos fallidos, o diez mil fracasos, pero no los veía como fracasos sino como aprender diez mil maneras de no hacerlo. Este inventor es Thomas Edison y, al no darse por vencido, cambió al mundo.

Si regresamos a la pregunta hipotética de cómo escribir la adversidad en la vida de mis hijos, te diría que les deseo muchos fracasos, porque sé que el fracasar es el camino a aprender y, por ende, a lograr. Pero el tener ganes no significa que ya ganaste, ¿te acuerdas que te platiqué de mi hermana quien siempre estaba en ciclos de dieta?

Siempre ves la meta a corto plazo, como el cuerpo de bikini para el verano, como el llegar a un peso ideal o a lucir el vestido, pero nadie piensa en qué va a pasar después de que llegues a la meta. La parte más importante de llegar a una meta no es la meta en sí, sino en la persona que te conviertes porque ya sabes llegar a esa meta.

Cambiemos el ejemplo, ya ganaste un millón de pesos o diez millones, ¿qué sigue? No es que ya puedes gastar indiscriminadamente y por fin tener todo el placer de gastar. Más bien, significa que ya sabes cómo ganar esas cantidades de dinero. Ahora la parte más difícil es mantener tu capital, tu peso, tus buenas relaciones y tu bienestar, tu felicidad y satisfacción.

Mucha gente piensa que un matrimonio que funciona es porque encontraron a su media naranja, como en los cuentos cuando por fin el príncipe azul, la princesa encantada y el sapo besado llegan al final feliz y, como dicen los cuentos, "vivieron felices por siempre".

No hay el "vivieron felices por siempre", no existe porque la vida sigue, los obstáculos aparecen, la adversidad ataca. Todo es parte de la vida y es lo que haces todos los días que determina él cómo vivieron. Y sí, la clave para un matrimonio exitoso es encontrar a la persona con la cual te puedas pelear siempre, entender, comunicarte y aguantar. Es decir, encontrar a esa persona con la cual puedas convivir con sus demonios y ella pueda convivir con los tuyos.

El dolor que te gusta

Hay una cantina en México muy famosa, donde los mexicanos nos sentimos más mexicanos, te da gusto escuchar al mariachi y cantas como si tuvieras buena voz todas las canciones que te sabes y hasta las que no sabes. Empieza la reunión con amigos acompañada de poco de comida y, como eres muy mexicana, le pones de la salsa más picosa, esa que te sigue ardiendo conforme va la comida bajando hacia el estómago y ya te estás imaginando si también seguirá ardiendo al día siguiente, pero... ¡qué rico taco!

Y le das otra mordida. Quieres tomar tequila como se ve en las películas de la época de oro del cine mexicano, pero el primer *shot* sabe medio feo, raspa la garganta y hasta te da escalofrío. Después muerdes un limón que te obliga a hacer caras que nadie te quiere ver hacer, y cuando acuerdas ya por ahí el quinto *shot*, ya el tequila ni raspa, ni le haces caras al limón y ya hasta te sabes más canciones de las que pensabas.

La cereza del pastel es el señor de los toques; se pasea por la cantina con una cajita de madera que tiene una perilla en la parte superior con un marcador de corriente. Conectados a la cajita están dos cables y en la punta de cada cable un mineral metálico (electrodo). Primero, se toman todos los asistentes de las manos y los de las puntas toman un electrodo cada uno para cerrar el circuito eléctrico (¿qué pensaría Edison de esto?).

El señor de los toques empieza a incrementar la corriente eléctrica y todos los participantes empiezan a sentirla; primero como cosquilleo; después con espasmos musculares, donde pareciera que alguien está moviendo tus brazos por ti y termina alguno por soltarse. ¡Felicidades, perdiste! Y se toma un *shot*.

Sigue la fiesta y se hacen hasta competencias uno a uno con el señor de los toques, porque al ser muy mexicana aguantas hasta el máximo de corriente con todo y que te tuerce los brazos.

No sé si alguna vez has ido al Tenampa en Plaza Garibaldi, en la Ciudad de México, o si eres mexicana, pero si alguna vez te encuentras ahí verás esta práctica en la mayoría de las mesas; es una experiencia muy divertida. Y estas prácticas se repiten en muchas caninas alrededor de México y el mundo, de la misma manera o con sus diferencias culturales.

Te hablo de una experiencia que la gente hace por gusto, sin embargo, está rodeada de dolores, y eso que me faltó mencionar el dolor de la mañana siguiente; con resaca, desvelada y tu estomago revuelto, todavía sin saber los efectos del chile y del alcohol cuando vayas al baño. Pero lo vuelves a hacer igual o parecido porque te divertiste mucho.

El dolor no es malo, simplemente es un mecanismo de defensa para saber que algo raro está pasando; yo hasta te diría que el dolor es bueno. Cuando en un coche se prende algún foquito que te avisa que algo está fallando, eso es el dolor, con la diferencia que tú puedes decidir seguir o parar como con el señor de los toques. Has experimentado dolores que te gustan y disfrutas, pareciera que inconscientemente hay ciertos tipos de dolor que buscamos.

Durante el tiempo que estudié la universidad, uno de mis amigos tenía un hermano que era instructor de escalada en roca, y los fines de semana íbamos a diferentes lugares donde se podía practicar el deporte alrededor de Ciudad de México.

Aprendimos mucho y cada vez incrementábamos más el nivel de dificultad; esto me llevó a tener deseos de hacer montañismo y escalar los grandes picos alrededor del mundo, pero terminé la carrera y mi vida me llevó a perseguir otras metas.

Un día, ya viviendo en Playa del Carmen, se me ocurrió que yo me había puesto esta meta de escalar los grandes picos y hasta ahora no había hecho ni el intento, . Fue ahí donde recurriendo a Internet encontré una escuela de montañismo, principalmente de travesía y rescate en glaciar. Para escalar cualquier gran montaña, tarde o temprano te topas con un glaciar, y es algo que yo nunca había hecho.

La aventura empezó en Talkeetna, Alaska, E, donde me di cuenta que de todo el equipo que traía conmigo, tan solo el 10 % iba a resultar útil (qué vergüenza, y yo que me sentía un super escalador). Con equipo rentado y prestado, preparamos la comida que necesitaríamos para doce días en el glaciar, repartimos el equipo entre todos los miembros del equipo y volamos en una avioneta con esquís en las ruedas al glaciar Pika.

Aterrizando en el glaciar, parecía que estábamos en otro planeta, rodeado por montañas bajas, sin árboles, sin ruido de animales, tan solo el viento, roca y hielo por todos lados. Fui al final de la temporada por lo que, en vez de nevadas, nos tocó lluvia, y con todo y que el equipo es impermeable, cuando estás tanto tiempo a la intemperie todo se moja.

Tuvimos días de mucho caminar y esquiar para llegar al siguiente campamento, con mochilas pesadas y arrastrando trineos con equipo, otros días llenos de ejercicios y prácticas. Con las manos y los pies helados.

Todas las noches había que prender estufas, descongelar agua tanto para tomar como para cocinar la cena, la comida era muy básica: pastas secas y salsas deshidratadas para hacerla más ligera.

El baño era una cubeta, donde cada quien llevaba una bolsa y guarda sus desechos para no contaminar la montaña, lo único bueno es que se congela y no desprende olor. Para orinar, utilizamos una botella específicamente para eso (no te vayas a equivocar), y lo desechábamos en lugares especiales donde, en vez de congelarse, se lo llevaría el deshielo.

Recuerdo haber estado practicando cómo rescatar a algún escalador inconsciente dentro de una grieta en algún glaciar y desde montar un sistema redundante de cuerdas y protecciones hasta hacer rappel para encontrarlo, montar otro sistema para que lo pudieran jalar desde la superficie y después subir por la cuerda bajo tu propia fuerza; ¿te dije que hacía frío?

Las noches eran todavía más frías, había que poner la ropa mojada dentro de la bolsa de dormir para que se secara durante la noche con el calor del cuerpo; también la botella para hacer pipí, y una botella de agua para que no se congelaran durante la noche. En las mañanas, para poder salir de la bolsa de dormir, prendíamos la estufa y hacíamos café en el vestíbulo de la tienda sin salir de la bolsa hasta entrar en calor; ¿te dije que hacía frío?

La experiencia fue una de las más molestas y difíciles que he hecho en mi vida, lo sufrí como he sufrido pocas cosas, no había forma de irnos hasta que doce días después llegara de nuevo la avioneta y cuando llega se siente como si hubiera llegado un rescate para los naufragados.

Suena difícil pero... ¡me encantó! Lo repetiría una y otra vez. De hecho, no igual pero similar, lo he repetido al escalar grandes montañas en donde no sabes si estás sufriendo o disfrutando.

"Hay una pequeña línea que separa el placer del dolor y escalando grandes montañas estás siempre sobre la línea pasando de un lado a otro".

El dolor de escalar una montaña es uno de esos dolores que me gusta y disfruto. El placer de escalar una montaña no está en la cima, aunque la cumbre sea lo que la gente cree como la meta en escalar. La meta en realidad es regresar sano y salvo después de escalar.

Entonces, ¿dónde está el placer de ir si no llegas a la meta? El placer está en escalar, es así de simple. Aunque suene a una locura porque te acabo de platicar una historia de sufrimiento y dolor autoprescrita y mi gran aprendizaje en esa experiencia de doce días fue que al encontrar un dolor que disfruto, podía escalar cualquier montaña y disfrutarlo.

Se podría pensar que un maratonista disfruta y sufre la carrera, pero además de la carrera el dolor del corredor está en su entrenamiento diario. De cualquier deportista, incluyendo deportistas *amateurs* y de fin de semana. Un músico disfruta el escenario y se podría pensar que no tiene ningún dolor su carrera, pero no lo ves cuando practica, escribe, se equivoca, frustra y empieza de nuevo.

Un emprendedor con un negocio en crecimiento y a primera vista exitoso, ¿cuántas veces habrá fracasado antes?, ¿cuántas discusiones, frustraciones, noches sin dormir?, ¿cuántas veces habrá estado al borde de la quiebra o contando las monedas para poder seguir? El empresario también es aquel que encuentra el dolor que le gusta.

No es fácil en el calor de una discusión, pensar qué puedes hacer para aprender y mejorar la relación a largo plazo, tan solo quieres aventar un plato y demostrar que tú tienes razón, pero ¿qué crees? Eso no lleva a nada, no mejora la relación, no refuerza el cariño y la confianza. Es más, estoy seguro que la otra parte de la pareja siente que tiene razón también. Para comunicarte mejor necesitas dejar de lado el querer tener razón, y eso duele.

Todos los humanos tenemos la capacidad biológica de tener cuerpos atléticos, éxito en el trabajo, en los negocios, en las relaciones. Todos tenemos la capacidad de vivir una vida llena de satisfacciones, pero pocos están dispuestos a encontrar el dolor que los lleve ahí.

La vida no es buena ni mala, simplemente está llena de condiciones y circunstancias, la forma en como tú la ves es. Y si le encuentras gusto a ciertos dolores, estos te traerán muchos placeres. Los dolores, las dificultades y los obstáculos son inevitables y duele más tratar de evitarlos que encontrar los que te gustan.

Como ves, el dolor tiene una función, el fracaso tiene una función, y en un mundo donde la sociedad moderna trata de evitar el dolor y el fracaso a como dé lugar, lo único que se multiplica es la mediocridad autoprescrita, y una sensación de positivismo tóxico en donde se evita todo lo negativo. Pero al evitar lo negativo, no existe ningún placer en la sobre indulgencia de lo positivo.

Es similar a comer donas para sentir placer. El placer de comerte una dona con un café o chocolate caliente en un día frío es enorme, el comerte dos, tres, cinco, diez no multiplica el placer. Entonces, más experiencias positivas no multiplican el bienestar. El placer está en escalar, en el ambiente, en el Vance, en el dolor, en el tiempo, no tanto en la cumbre.

Decía Freud que viendo en retrospectiva su vida, los años más gratos fueron donde más esfuerzo, lucha y dificultad atravesó, pero esto es porque tenía una misión, una causa que incluso veía como algo más grande que él y que lo haría trascender en el tiempo, fue un proyecto de inmortalidad.

En nuestro mundo de hoy. la gente busca ser cada vez más excepcional, tanto que cada vez se vuelven extremos para destacar. En un mundo donde todo el mundo quiere destacar, la mediocridad se vuelve el nuevo fracaso, aunque la pura definición de la palabra habla de que la gran mayoría de la gente tiene que ser mediocre.

El promedio de la gente es promedio, por eso se llama así y para poder destacar primero tienes que aceptar tu propia mediocridad. No te estoy atacando, todos somos mediocres; te repito, la gran mayoría de la gente vive y piensa como la gran mayoría de la gente.

Si bien somos diferentes, no eres especial, tus problemas no son diferentes a los de los demás, no tienes una vida excepcional por tus problemas excepcionales, entonces no te puedes sentir con derechos especiales.

La gran paradoja es la diferencia entre sentirte con derechos especiales y ser excepcional. El ser mediocre no es un fracaso sino el punto de partida, porque eso ya lo tienes. El aceptar tu mediocridad te traerá la motivación para mejorar, no en todo sino en aquello que de verdad quieres.

El sentirte con un derecho especial solo te hará más mediocre. La gente que se vuelve excepcional lo hace a través de una mejora continua, lo cual por definición significa que no se creían excepcionales de principio. Aceptar la propia mediocridad duele.

XI SÍ, SÍ ES TU CULPA

Hasta que no hagas consciente lo inconsciente, esto seguirá
rigiendo tu vida y lo llamarás destino.

CARL JUNG

¿Tú crees en el destino?¿Crees que tienes una vida ya estipulada y descrita en donde sin importar lo que hagas, seguirá el mismo camino? Mucha gente cree tanto en el destino como en la suerte pero, por otro lado, son religiosos y creen que Dios nos dio la capacidad del libre albedrío.

El puro hecho de pensar en un ser superpoderoso, omnipotente, omnipresente, creador del universo, de la tierra y de la vida como la conocemos, el cual te exige ciertas reglas de vida, pero dice que tienes la capacidad de decidir y actuar por ti, solo es una creencia que limita.

No quiero hablar de creencias religiosas ni de fe porque no es mi tema, pero los humanos desde principios de los tiempos han usado la religión para controlar a la gente.

Existen múltiples religiones y todas básicamente son lo mismo; sé buena persona, respeta a los demás, vive una vida de bien, respeta a tu dios y ten fe en que todo lo que digo es verdad; hasta ahí vamos bien.

Pero qué pasa cuando la religión se mete con cómo podrías vivir en esta vida, la única que sabemos existe y la única que puedes estar seguro se va a terminar algún día. Te vas a morir, es la única garantía de cualquier ser vivo. Nadie sabe cuándo ni cómo, pero sabemos que nos vamos a morir.

La conciencia de nuestra mortalidad es la que nos hace querer lograr cosas, porque si viviéramos para siempre, tendríamos todo el tiempo del mundo de algún día hacer algo. También tendríamos las vidas que quisiéramos porque habría tiempo de sobra para poder llegar a ellas y los humanos de manera no consciente siempre vamos hacia donde realmente deseamos.

Pero resulta que a la gran mayoría se les termina el tiempo antes de siquiera poder aprender a vivir. La gran mayoría vive con la flojera del que podría vivir por siempre, pensando que la vida es eterna y el tiempo solo se mide en el reloj de muñeca o en el teléfono inteligente.

El tiempo se mide en tu cara y en tu cuerpo, en tus arrugas y en tus canas, en la lenta degradación y envejecimiento de tu cuerpo. Y no quiero sonar pesimista o mórbido, la vida es hermosa y hay que vivirla todos los días, pero hay una gran diferencia en vivir a solo consumir tiempo.

Earl Nightingale definió el éxito como la búsqueda progresiva de un ideal valioso; a mí me gusta decir que debe ser la búsqueda progresiva de una vida valiosa, y esa vida debe ser valiosa para ti.

Si ese es el éxito, ¿por qué hay tanta gente que no llega a ser exitosa o no se considera exitosa? Tanto en mi experiencia, como en todo lo que he leído relacionado con alcanzar el éxito, la diferencia de una persona que logra y una que solo de repente sueña con logros es que la persona que solo sueña con logros, sueña con logros de alguien más, envidia lo que ve, pero no tiene metas propias. Es decir, si veo un Ferrari en la calle, la verdad que sí me gustaría tener uno, pero no es una meta que yo tenga, o bueno, hasta ahora, pero te cuento de esto más adelante.

Veo la casa en la playa, veo los viajes de otras personas, veo a los atletas, a los músicos y a las estrellas de cine, y lo envidio todo. Pero no quiero la vida de esas personas, simplemente quiero un poco de lo que esas personas tienen, como lo que se muestra por fuera.

No quiero tocar en bares de segunda alrededor de Alemania todos los fines de semana, aguantar borrachos y tocar noches enteras mi instrumento con mi banda, sin sentir que soy valorado por lo que hago, pero hay a quien sí le gustó, lo disfrutó y tocó tanto, que cuando se le presentó la oportunidad de tocar en Estados Unidos fue un éxito inmediato.

Los Beatles tenían más horas tocando juntos que cualquier otro músico de su tiempo. No es sorpresa entonces la maestría que presentaban tanto en sus instrumentos como en la composición de sus canciones.

Pero la gente normal no ve todo el trabajo que viene detrás de ese éxito, entonces sí, a mí me encantaría ser un músico famoso y reconocido ganando millones, pero la verdad es que no me gustaría hacer todo el trabajo que hicieron.

Los Beatles, como otras personas exitosas estaban en el camino que querían estar, haciendo lo que les gustaba y poco a poco avanzando hacia sus metas, aunque no supieran hasta dónde iban a llegar.

Warren Buffet, el inversionista más famoso y rico del mundo, no tuvo suerte o tiene actualmente suerte en sus inversiones. Empezó a leer de la bolsa de valores, cómo funciona y cómo se movían esas inversiones a los trece años, entonces no es sorpresa que a los quince años hubiera invertido en su primera acción.

Se dice que todavía lee todos los reportes financieros de todas las empresas donde tiene inversión; también se dice que cuando empezó leía todos los reportes financieros de todas las acciones que cotizaban en bolsa. El 70 % de su tiempo lo pasa leyendo, porque también lee libros, revistas y periódicos relacionados con su tema. Entonces sí, la verdad que me gustaría tener los millones de Warren Buffet, pero no sé si quiero su vida.

La gente que solo sueña con logros, no tiene sueños propios, no tiene en claro la vida que quiere llevar. Hace unos años, cuando todavía era yo un atleta competitivo de triatlón, conocí a una persona en la alberca donde entrenaba que trabajaba para el gobierno y tenía muchas ganas de competir en triatlón, por lo que me hacía muchas preguntas y lo veía yo en la alberca por lo menos dos días a la semana.

Consiguió una bicicleta y equipo con sus contactos del gobierno, tenía apoyo económico para poder participar en competencias, lo cual no me gustó mucho porque ese apoyo debería estar reservado para los atletas que llevan años entrenando y que están dando resultados, pero ese es un tema político y un problema recurrente en este país y no me voy a meter con eso.

Compitió en su primer triatlón y llegó decepcionado, solo se podía quejar de todo lo que había ocurrido a su alrededor y me dijo: "No se vale, la verdad que debería haber una categoría especial para principiantes", a lo que yo le contesté que la categoría por edad en donde estaba participando era para amateurs y al agruparlos y premiarlos por edad, la competencia es justa. Su respuesta fue: "No, pero para gente como yo, para poder ganar algo".

Ahí me di cuenta que su mentalidad no estaba en el triatlón, ni en la natación; no estaba en ningún deporte. Él envidiaba el podio, envidiaba el reconocimiento y la medalla, mas no quería entrenar, no quería hacer el trabajo necesario para llegar a poder tener un podio.

Yo llevaba más de diez años entrenando ese deporte, mis resultados fueron producto de ese tiempo, pero la diferencia estaba en que yo no disfrutaba el podio tanto como el competir, y no disfrutaba el competir tanto como el entrenar.

Mi vida como atleta eran las cuatro o más horas que entrenaba todos los días, lo que comía y cómo cuidaba mi cuerpo; no solo me gustaba, era el centro de mi vida, mi prioridad dentro de otras cosas porque cuando empecé estaba en la universidad y después tenía que trabajar, tenía amigos, novia y en los últimos años de competencia mujer e hijas.

Tu vida lleva un camino y una ruta, también tiene un destino, y todo esto se puede cambiar, pero si no defines cuál es el destino solamente estás en el camino de menor resistencia, siguiendo una vida que no escogiste, una vida "del montón". Pero el solo visualizar el destino no te llevará automáticamente a él. Te tienes que ir convirtiendo poco a poco en esa persona que puede llegar a ese destino.

El atleta que gana podios, es un atleta por las horas que entrena diario porque tiene un entrenador que le dice cómo entrenar y entrena cada vez más inteligentemente.

Un Bill Gates, es aquel niño que por azares del destino encontró la facilidad de tener una computadora en la escuela en donde podía programar, mucho antes que se inventara la computadora personal.

El éxito en cualquier ámbito no está en la meta sino en el proceso, y el proceso tiene más que ver con quien te consideras que eres, con tu identidad más que con tus sueños.

Del éxito

Mucha gente habla del éxito, de tener éxito, de conquistar el éxito, pero nadie te dice realmente qué es el éxito, y es aquí donde se genera esa controversia de si el éxito es dinero, bienes, relaciones, familia, trabajo.

Hoy en día hay una gran industria la cual promete enseñar a la gente cuál es la clave del éxito, pero si no sabes que significa el éxito para ti ¿Cómo alguien le va a poder dar la clave?

Los gurús te prometen ganar mucho dinero, y hasta te dicen cómo, pero en negocios específicos. Únete a KW, aprende bienes raíces y hazte millonaria; únete a EvoLife, aprende de plataformas de inversión electrónicas y vuélvete millonaria. Eso sí, primero paga, luego comparte tus ganancias, ah y por cierto el negocio está en que invites más gente. Hmm, no me convence.

El éxito es de cada quien, pero no es lo que crees. Si el éxito es la realización progresiva de un ideal que vale la pena. Esto significa que cualquier persona que sabe lo que está haciendo para llegar hacia dónde va es éxito. Una persona que no tiene un "hacia dónde", un destino, no puede pensar que hace algo que la acerca cada vez más a ese destino.

A mí me gusta más definir el éxito en términos de tu vida, de perseguir el tener una vida que para ti vale la pena tener, la ventaja de ver el éxito de esta manera es que tu vida ideal puede y debería de ir cambiando a través de tu avance progresivo hacia esa vida de tal manera que no persigas un destino específico sino un camino.

El perseguir un destino implica llegar a él algún día, de tal forma que, si llegas muy rápido a lo que te propones, ya no tienes un porqué hacer las cosas, y te vuelves a perder en la mediocridad de solo existir.

En mis palabras, el éxito es la búsqueda progresiva de una vida que vale la pena vivir y cada quien su vida.

Búsqueda progresiva se refiere a que lo que buscas lo estés alcanzando poco a poco, las cosas que valen la pena siempre son hacia arriba por un camino empinado y accidentado y, por ende, toman tiempo. Pero si sabes que estás en el camino correcto y progresando, el camino se convierte en la vida que vale la pena vivir, sin importar el sitio en que te encuentres del camino.

Por ejemplo:

Mucha gente busca las dietas para tener un físico determinado, estas son metas a corto plazo que restringen la vida que te gusta tener, a diferencia de un estilo de vida saludable. Cuando estás en un camino para tener un cuerpo saludable, haces ciertas cosas porque eso es lo que hacen las personas como tú.

No necesitas un régimen o programa de ejercicio, simplemente te mantienes activo todos los días, ya sea que hagas un deporte que subas las escaleras en vez del elevador, que no te importe estacionarte lejos de donde vas, pues la gente saludable camina, no te molesta caminar al trabajo o quizá ir en bicicleta, es un estilo de vida.

También buscas tener un sueño saludable, no tomas mucho alcohol ni cafeína, pero no te restringes, simplemente es tu estilo de vida. Conforme vas avanzando en un camino de salud vas aprendiendo y agregando cosas a tu estilo de vida, donde cada vez haces más cosas.

Quizás en el camino también surjan metas de deporte, estética, alimentación, etc.; lo importante es que no es una meta a corto plazo, es un camino que no tiene fin, y mientras sientas que vas progresando, seguirás motivado a seguir por ese camino.

Las personas que ahorran a corto plazo para gastar o que ahorran para una emergencia, lo que termina pasando es que siempre que juntas el dinero para comprar aquello que quieres, lo compras y vuelves a empezar. Si ahorras para una emergencia resulta que todo el tiempo estás encontrando emergencias.

Si de otra forma tu camino es el de vivir por debajo de tus posibilidades, el ahorro será inevitable y el problema que tendrás entonces será qué hacer o en qué invertir tu ahorro para hacerlo crecer. Si te acostumbras a vivir por debajo de tus posibilidades, tus posibilidades con el tiempo se incrementarán solas, y si bien tendrás mucho más capacidad de gasto, siempre vivirás por debajo de esas posibilidades y siempre estarás ahorrando para seguir incrementando tu patrimonio.

Ese ejemplo es muy básico, pero si estás en un camino de libertad financiera no solo vives por debajo de tus medios sino que aprendes y estudias en qué invertir tu dinero para incrementarlo, buscas otros ingresos, gastas más inteligentemente y no tanto de impulso, aprendes de finanzas y te preocupas por tener un patrimonio. Es un estilo de vida, es un camino y muy poca gente lo sigue, sin embargo, es uno de los éxitos más buscados.

Los ejemplos anteriores son generalizados, pero el éxito de muchas personas está muy alejado de estos dos ejemplos; hay exploradores que lo único que quieren es encontrar y mapear túneles inundados, escalar las montañas más altas, llegar a los lugares más remotos. Hay biólogos que quieren encontrar todo lo referente a bacterias o a virus, hay escritores que todo lo que buscan es poder plasmar sus ideas en papel y crear mundos nuevos para deleitar al lector, deportistas que solo buscan ser mejores atletas, entrenadores que su pasión es llevar a sus equipos a ganar una y otra vez, científicos que se apasionan de lo que investigan solo para poder entender más. En fin, las pasiones de la gente son tan infinitas como cada persona es única en su mente, sus aspiraciones y muy personal perspectiva de lo que el éxito significa.

Entendiendo ahora que el éxito es personal; también es paradójico porque la gente que se pone metas más grandes por lo regular es aquella gente que tiene un sistema de dopamina más fuerte. Son esas personas desapegadas, sobre todo, a esa satisfacción inmediata y tan solo se enfocan en el objetivo.

Es paradójico porque como dicen, aquella persona que logra tener el capital para tener una segunda o tercera casa en la playa, es la misma persona que no puede disfrutar de esa casa. No porque no pueda ir y pasar largas temporadas ahí, sino porque es la misma persona que no puede parar, y conforme va incrementando su nivel de logro va buscando qué más hacer, qué más seguir logrando.

La persona que podría disfrutar la casa en la playa y retirarse a los cuarenta para asolearse todos los días y salir a caminar en la arena y no hacer nada para incrementar su patrimonio, por lo regular es aquella persona que busca la estabilidad, es aquella persona que tiene la mente ancestral controlando su sistema de recompensa y cuando llega a lo que puede percibir como una vida cómoda y fácil, se estanca y deja de buscar un incremento en sus logros; por ende, nunca llega a tener la mítica casa en la playa.

El caso de los billonarios en el mundo que nunca paran, nunca se sentaron a disfrutar de su dinero o cambian sus intereses monetarios por intereses filantrópicos, es ese tipo de gente a la que no les gusta estar cómodos. Y cuando hablo de comodidad no me refiero a que les guste viajar apretados en un avión comercial, por supuesto que usan su riqueza para tener uno o varios jets y viajar llenos de lujos y comodidades, pero siguen en la persecución de algo que valga la pena, de que sus vidas tengan un significado mucho mayor al que ya tienen.

El éxito está en servir

Del éxito, ese término que yo defino como una búsqueda de una vida con significado específico para ti, la base es el servicio. No puedes tener éxito en nada si no das un servicio a los demás, en la medida que des ese servicio en la misma medida serás recompensado por él.

El dinero es tan solo una nota de crédito, por un valor percibido. Si yo necesito comida y voy al supermercado a comprarla, el dinero que estoy pagando no solo es por la comida, sino por la facilidad de obtenerla. Si busco un plomero porque tengo una fuga de agua y mi casa se está inundando, no me interesa buscar mejor precio sino quién me resuelva el problema lo más rápido posible y lo mejor posible.

El valor que tú le das a las cosas o servicios que pagas, es lo que determina el precio, es por ello que el mismo producto puede tener diferentes precios, depende del comprador.

Cuando tú trabajas para una empresa, el valor que tú le otorgas a esa empresa primero es tu tiempo, después tus habilidades y, para terminar, los resultados que traigas para la empresa. Si das un servicio, entre más completo y mejor sea tu servicio, mejor remunerado será.

La idea es que entre más servicio aportas a tus clientes, el valor percibido de ese mismo cliente es mayor y con más gusto paga por el servicio que le estás aportando.

Al leer estas líneas, quiero pensar que compraste mi libro esperando te otorgara un valor, ya sea en conocimiento, entretenimiento o conciencia; el precio que pagaste no refleja lo que yo te quiero dar.

Me gustaría cambiar tu vida para bien, y mientras escribo e investigo busco darte lo mejor de mí. El mensaje más claro, la información más directa, el mejor valor. No estoy pensando en el precio, mucho menos en cuántos libros puedo vender. Estoy pensando en cuánta gente realmente va a leerlo y tomar algo valioso de él.

Si analizamos el increíble éxito que ha tenido Amazon, por ejemplo, no ha sido porque vende una necesidad. A través de la plataforma que creó te da un valor que nadie más te puede dar. Encuentras lo que estés buscando, te lo envían a tu casa, lo recibes en perfecto estado, lo puedes devolver, lo compras desde la comodidad de tu casa y lo pagas de inmediato en tu teléfono, tableta o computadora.

Amazon te está dando un servicio excepcional para comprar un producto que al final no importa porque no compras en Amazon por el producto sino por el servicio.

Jeff Bezos no estaba pensando en el dinero cuando empezó en su *garage* una compañía que entregaba libros a domicilio, estaba pensando en cómo aportarle más valor a la gente, cómo servir. Y ahí encontramos de nuevo la paradoja; si buscas servir, resolver una necesidad, aportar más valor, el tener éxito en los negocios será inevitable.

John C. Maxwell, un escritor prolífico considerado la eminencia número uno en el mundo en temas de liderazgo, empezó como pastor en una iglesia, creció en audiencia gracias a su mensaje y cómo le hablaba a la gente. No se trataba de dinero sino de servicio.

En un momento crucial de su carrera habla de cómo sus libros, llenos de enseñanzas religiosas estaban siendo leídos por gente en el mundo de los negocios y, finalmente, tuvo una transición donde dejó de ser pastor para poder servir a más gente.

Toda persona que llega a tener éxito en lo que hace tiene que hacer un sacrificio, ese sacrificio es de trabajo, de fracaso y de servicio.

Por lo general las personas buscan motivación, pero la motivación no sirve si vas en el camino equivocado o peor, no sabes ni en qué camino estás o en qué camino quieres estar. ¿Ahí de qué te sirve la motivación para ir más rápido, para trabajar más duro? Las personas necesitan educación para cambiar de rumbo, para encontrar cuál es esa meta y esa vida que vale la pena vivir para ellos.

¿Cómo encontrar o cambiar de rumbo?

Tienes que darte el tiempo de reflexionar, de encontrar lo que te llena, lo que te hace feliz, aquello que al hacerlo regresas con una sonrisa en la boca, pero no una sonrisa sencilla sino una sonrisa de satisfacción. Por lo regular, nos satisface más hacer algo que sabemos trae beneficios a terceros, algo más grande que nosotros mismos.

Simon Sinek habla de encontrar una causa justa, ya sea propia o agregarse a la causa justa de un tercero. Existen historias magníficas de personas que dejan sus trabajos y sus vidas por rescatar perros de la calle, generando fundaciones, y consiguiendo financiación, cambiando el rumbo y las leyes de los perros callejeros.

También existen aquellas personas que encuentran pasión en empezar un pequeño negocio para pasear perros porque no les gusta la idea de que estén solos todo el día y generan un negocio millonario. Dos caras de la misma moneda.

Puedes querer cambiar el rumbo del mundo como un Elon Musk tratando de llevar a la humanidad a otros planetas, y desarrollando sistemas de energías limpias o puedes trabajar para una de sus empresas acompañándolo en su causa siendo uno de muchos programadores, pero al creer en la causa sabes que tu trabajo importa y tiene significado. Por lo regular vemos una cara, como la de Steve Jobs pero ellos no hacen nada solos. La gente que los acompaña en sus causas (y es mucha), hacen realidad lo que logran.

Puedes tener una visión y perseguirla reclutando gente que se una a tu visión o puedes unirte a la visión de alguien más. Esto no tiene importancia, lo que tiene importancia es que creas en lo que haces y le des la importancia que hará tus días llenos de sentido.

Como aquella emprendedora que inició un pequeño servicio de paseo de perros en Nueva York porque le importaban los perros, porque no quería que estuvieran solos tanto tiempo. Creía tanto en su causa que creció su empresa para tener más mucha gente a su cargo paseando perros y su pequeño servicio creció para convertirse en una empresa multimillonaria. Si quieres saber más de ella, cuento su historia completa en mi curso de las bases mentales para emprender. Al final lo que tienes que encontrar es la píldora mágica, esa píldora que solo a ti te va a funcionar...

XII LA PÍLDORA MÁGICA

La última paradoja es la mediocridad; vivimos en un mundo en donde se nos enseña constantemente a personas excepcionales, generando un sentimiento de abundancia de lo excepcional. Al sentirnos inundados por excepcional nos sentimos más mediocres.

La abundancia de lo excepcional no es real, es un fenómeno de las redes sociales y la información en la palma de la mano, pero genera un sentimiento en donde la gente tiene que ser más extrema para salirse de lo normal, algunas quieren ser la mejor en calificaciones, trabajo, etc.; otras personas quieren poner una bomba en una escuela.

Unas personas se van a salvar bebés a África, otras solo quieren hacer dinero rápido y publicarlo. La mayor parte de la gente se distrae de sus vidas tratando de sentirse excepcional y a lo que llegan es a un sesgo de derecho.

Yo me merezco porque soy única, tengo derecho a ser así porque mis problemas son diferentes a los de los demás. La diferencia entre sentirse con derecho único y ser excepcional es la paradoja.

La mediocridad se ha convertido en el nuevo fracaso, siendo que la gran mayoría de la gente vive como la gran mayoría de la gente, es decir, la gran mayoría de la gente es mediocre en la gran mayoría de ámbitos de su vida.

Aceptar tu propia mediocridad es aquello que te motiva a mejorar. El sentirte con derechos únicos tan solo te hará más mediocre. La gente que se convierte verdaderamente en excepcionales lo hace a través de un constante mejoramiento, un progreso hacia cada vez mejorar más en lo que se proponen.

¿Qué significa esto? Que no se sienten excepcionales, ni cuando empiezan, ni mientras sigan progresando en ser mejores. El sentirte excepcional te hace sentirte con derechos únicos, lo cual por definición te hará detener tu crecimiento o mejoramiento haciéndote o regresándote a la mediocridad.

Creo que existen plataformas virtuales, al decir virtual no me refiero al internet sino a tu mente. Plataformas en donde cada vez que subes a una más alta alcanzas a ver las cosas de manera distinta o como vimos en capítulos anteriores, tu perspectiva se amplía.

Muchos autores hablan de techos y de romper esos techos para poder avanzar y crecer, pero no son límites que tienes que romper, son aprendizajes y más que aprendizajes, son entendimientos. Cuando entiendes algo de manera mejor subes de nivel.

Y así como la persona que entiende por primera vez como andar en bicicleta, la domina, o la que entiende como flotar en el agua, la domina. Al entender aquello que te limita, lo podrás dominar. Por ejemplo, aquella persona que entiende de la bolsa de valores, la domina.

Piensa en un Warren Buffet. No es el más inteligente, no es el más creativo, ni el más trabajador, pero sí es el que mejor entiende de inversiones bursátiles, entonces en la medida que entiendes algo es en la medida que lo dominas.

La primera plataforma que debes dominar y la razón por la cual escribí este libro es para generarte conciencia de esta plataforma, la cual solo se trata de entenderte a ti.

No es la más fácil y te diría que es un trabajo constante no solo por la complejidad de nuestras mentes sino también porque constantemente estamos cambiando.

El proceso creativo es permanente, todo el tiempo estás creando. Pensamientos, sentimientos, emociones y tu cuerpo está en constante movimiento. Sinopsis en las neuronas, generación y procesamiento de proteínas en las células, y mucho más. La cosa es que tu mente y tu cuerpo constantemente están creando.

El problema no es que el crear no sea consciente en el mayor número de funciones, tu cuerpo sabe lo que hace y tu mente también si lo que quieres es seguir igual. Entonces el proceso de conocerte y entenderte tiene que empezar por lo que está pasando con tus pensamientos.

Diseñé un programa en forma de reto para empezar en este proceso y muy atinadamente le llamé "Los cuatro escalones", los cuales los veo como plataformas de entendimiento.

El primer escalón es entender dónde estás, no el espacio físico sino en todos los ámbitos de tu vida que consideres importantes, por ejemplo: salud, trabajo, dinero, relaciones familiares, relaciones laborales, relación de pareja, desarrollo y crecimiento personal, y todo aquello que te importe. Si eres una aficionada de la música y no es tu negocio, pero es prioridad y quieres constantemente ser mejor, también tendría que aparecer en esas prioridades.

Al entender dónde estás y, sobre todo, siendo lo más sincera y honesta posible contigo misma, aprendemos de dónde vienen estos resultados que, como ya sabes, la causa de todo son tus pensamientos y programación genética.

El segundo escalón habla del cambio y de cómo hacerlo consciente. Si entiendes de dónde vienen tus resultados, es más fácil cambiar la causa de los mismos para conseguir aquello que desees.

Para poder influenciar tus comportamientos y acciones tienes que influenciar tu mente, por eso el segundo escalón trata del verdadero liderazgo que empieza por ti, por liderarte e influenciarte a ti.

El tercer escalón trata de entender dónde está tu verdadero potencial, este escalón ya es un poco más específico en cuanto a metas claras; y el cuarto escalón trata de las decisiones que tomas todos los días y en todo momento, y generar una conciencia en el momento de tomarlas, como cuando te comes la dona y ya quieres otra.

Ese programa es solo un ejemplo de cuatro pasos para subir a esa primera plataforma que considero tan importante que es entenderte a ti. Yo lo diseñé de la manera en cómo he visto que mejor funciona con la gente que he trabajado, pero cada quien puede encontrar sus propios escalones.

La fuente de la juventud

Se le ha hecho referencia en diferentes películas y novelas, y hasta el Corán y la Biblia han hablado de una fuente regeneradora. Creo que la primera referencia que existe que cuente de esta fuente mágica que regenera a los humanos está en el tercer libro de las historias de Herodoto (siglo IV a.C.) y lo hace a través de una entrevista entre el Rey de Etiopía y los embajadores del rey Persa Cambises II.

Se habla de cómo los etíopes tradicionalmente llegaban a una edad de ciento veinte años en promedio, se habla de dieta y hábitos, pero se llega a la conclusión de que hay una fuente muy singular, cuya agua pondrá al que se bañe en ella mucho más reluciente que si se untara con el aceite más exquisito, y hará despedir de su húmedo cuero un olor de viola finísimo y delicado.

Al final del diálogo, se deja la pregunta abierta como conjetura de si no se tratará del uso del agua de esta fuente que sea la causa de la longevidad de los etíopes.

En el Evangelio de San Juan, se habla del estanque de Betesda en Jerusalén. Por un lado, se habla de cómo Jesús realiza el milagro de curar a un hombre lisiado pero, por otro, se habla de cómo ya era sabido de las propiedades curativas de esas aguas. Aunque aquí solo el primero que llega al agua era sanado y solo ocurría a cada tanto.

En las novelas de Alejandro se cuenta la historia del "Agua de la vida", esa que tanto buscó Alejandro Magno. Estas leyendas de Oriente Medio de Al-Khir se pueden incluso encontrar en el Corán. Las versiones árabe y aljamiada de Alejandro fueron muy populares en España durante y después de la época musulmana, y fueron muy conocidas también por todos los exploradores que viajaron hacia América.

También se menciona la fuente de la juventud en *El libro de las maravillas del mundo*, de Juan de Mandeville. La piedra filosofal, Indiana Jones, Los arahuacos y la isla de Bimini...

La humanidad ha buscado la fuente de la juventud, desperdiciando toda su juventud en la búsqueda sin éxito. Por otro lado, los alquimistas en la Edad Media buscaban incansablemente la fórmula mágica para poder convertir metales base como el plomo, el hierro y el cobre en oro, a través de una supuesta piedra filosofal. Esta tan solo es una mezcla química que según publicaciones recientes, Newton había podido aislar.

Trabajaron más en convertir mágicamente metales comunes en metales preciosos de lo que hubiesen trabajado en encontrar formas más óptimas de extraer y minar dichos metales, pero siempre la promesa de la píldora mágica es más fuerte.

La verdadera píldora mágica son las decisiones que tomas. Eso es lo que de verdad te puede llevar a donde desees o estancarte en donde estás, incluso regresarte a donde no quieres estar.

Todo el tiempo estás tomando decisiones, desde que te levantas, hasta que te duermes, pero la mayor parte de decisiones que tomas son en piloto automático. Tu mente las toma por ti a través de los atajos mentales, a través de tus hábitos y a través de tu programación genética.

¿Quién eres?

He descubierto que la mayor parte de la gente no se conoce, solo cree que se conoce. Al vivir en sociedad se nos da un menú de opciones limitadas al nacer y se nos convence de que nos tenemos que apegar a esas opciones.

Por eso, la gente que se sale del menú es vista tan rara, para descubrir bien quién eres de verdad, tienes que mejorar la calidad de preguntas que te haces, de manera que puedas cuestionar si eso que crees eres tú o es tu mente mediocre hablando.

A lo largo del libro te he venido explicando diferentes ideas y la polaridad de las mismas; por un lado, te pueden traer todo aquello que deseas y, por otro lado, te mantienen atorada en donde estás. Aquí es donde juntamos todos los conceptos para que hagan sentido.

De la identidad

Esta es la forma en como tú te ves, te sientes y te sabes que eres. Está basada en aquellas características que sabes que posees, pero también se basa en todas esas características que sabes que no posees. Es la manera en cómo te distingues de unas personas y te asocias con otras. Tiene que ver con la forma en coómo actúas, forma tus hábitos y es en gran medida lo que te ha traído hasta donde estás el día de hoy incluyendo todo lo que has logrado, todo lo que tienes, sabes y crees.

Por un lado, existirán características de tu identidad que te lleven a hacer cosas que te traen buenos resultados y, por otro lado, cosas que te detengan en resultados deseados, por ejemplo: una fumadora se sabe fumadora, compra cigarrillos y carga un encendedor, todo el tiempo está vigilante de los lugares en donde se puede y donde no se puede fumar. Organiza sus tiempos alrededor de esos descansos para fumar, asocia sus hábitos como el café, terminando de comer, en el baño, con cigarrillos. Y cuando se siente estresada, lo primero que surge en su mente es la necesidad de prender un cigarrillo.

El fumador sabe que fuma y lo acepta, por más que conscientemente conozca los daños y hasta pretenda dejar de fumar algún día, mientras se considere como fumador, nunca lo va a dejar y siempre tendrá ciclos relacionados con este hábito.

Una no fumadora sabe que no fuma, no piensa en fumar y cuando percibe olor a cigarrillo lo evita, cuando le ofrecen un cigarrillo da las gracias y dice "no fumo".

La píldora mágica para dejar de fumar está en cambiar tu identidad de fumadora a no fumadora, no es que sea fácil, pero es una gran ayuda para cambiar un hábito.

Si tú eres de las que están dejando de fumar y cuando te ofrecen un cigarrillo piensas "este no me lo voy a fumar", estás recordándote que eres fumadora y que estás restringiendo el fumar, a diferencia de pensar "ya no fumo" o "yo ya no fumo".

El cambio de identidad viene de la mano de formas de actuar; una persona activa no sufre las escaleras, es más, las prefiere antes de tomar un elevador o escaleras eléctricas, camina tres cuadras antes de ir en auto. Cuando viaja busca actividades que requieran de actividad física. El punto es que una persona que se considera activa buscará recalcar comportamientos que van de la mano con esa identidad.

Una persona que se considera empática y estable emocionalmente, no será la misma que se baje del auto para pelear con otro automovilista porque le bloqueó el paso; simplemente dirá "pobre loco" y seguirá su camino. En cambio, alguien que se sabe explosiva, capaz y solo con derecho de enseñarle a los demás una lección, es ese tipo de personas que le gritan a los demás en la calle, le tapan el paso o le tocan la bocina para enseñarles a los demás que están en un error.

La identidad, por ejemplo, en los negocios, habrá quien tenga mayor tolerancia al riesgo y quién lo evite. Quién quiere hacer todo ella misma y a quién le guste delegar.

En el trabajo a la que se pone la camiseta y está ahí por desempeño y no por tiempo, o al que simplemente hace lo mínimo, al compañero, a la que trabaja bien en equipo, el individualista, etc.

Al final, tus hábitos generan tu identidad y viceversa, pero cambiar tus hábitos es más fácil si a la vez cambias la manera en cómo te ves.

En términos de la dona, están las que comen donas todo el día y las que solo disfrutan una de vez en cuando. Y como ya te he comentado, no hay hábitos malos ni buenos, simplemente los tuyos. Para decidir qué hábitos te sirven y cuáles puedes cambiar, modificar y mejorar, tú decides qué hábitos te traen qué resultados.

La historia que te cuentas

No es solo el camino a todo lo que puedas haber deseado alguna vez, sino que es el camino para entender qué es lo que buscas, por qué y para qué.

El encontrar cómo quieres vivir tu vida es un proceso que no tiene meta final, porque conforme vas descubriendo nuevas cosas, conforme vas logrando metas y conforme vas teniendo más entendimiento tanto de quién eres como de qué es lo que quieres, te vas convirtiendo en una persona diferente a la que eras antes de que pasaran todas esas cosas.

"Lo que obtienes al llegar a tus metas no es tan importante como en quien te conviertes al lograr tus metas".
Thoreau

En esta oración, Henry David Thoreau expresa una verdad que muy poca gente entiende y tiene que ver con tu identidad, y tu identidad tiene que ver con quién crees que eres, tu perspectiva de quién eres en tu mundo muy particular, la historia que te cuentas todos los días de ti y tus interacciones con ese mundo y, sobre todo, de lo que crees que eres capaz de hacer.

Cuando ya has hecho algo es muy fácil considerarte la persona que hace ese tipo de cosas, como correr un maratón; no serás la mejor o la más rápida, pero ya tienes la experiencia, eso genera que te cuentes una historia de quién eres con relación a correr una distancia de ese tipo.

Cuando llegas a metas de dinero, de relaciones, de trabajo, deporte, habilidad, sin importar que es lo que sea te conviertes en una persona que ya es lo que has hecho. No eres una persona que corrió un maratón, ya eres maratonista.

Y en el ejemplo de ser un maratonista a solo querer correr un maratón, ¿qué es lo que tienes que hacer para poder correr un maratón? Comportarte como un maratonista, entrenar, comer, dormir, leer lo que un maratonista; es más, hasta utilizar el mismo equipo, sean zapatos, ropa, gorra, lentes.

Es común cuando uno es novato que quieras cambiar las reglas, encontrar algo dentro de tu experiencia que funcione mejor que lo que usa la gente que tiene la verdadera experiencia, solo para darte cuenta con el tiempo que hay una razón detrás del cómo hacen las cosas.

También hay niveles, supongamos que ya corriste no uno sino tres o cuatro maratones diferentes, y ahora quieres correr uno más rápido. Te tienes que comportar como un maratonista que corre en ese tiempo un maratón, aquí la diferencia la hará el entrenamiento específico, y para encontrar un programa de entrenamiento específico, muy seguramente necesitarás un entrenador.

La gente con mejores resultados en todos los ámbitos tiene ayuda, llámale maestros, entrenadores, *coaches*, mentores, equipo, compañeros o todos. Nadie llega a altos niveles de desempeño sola.

En fin, con el ejemplo del maratonista a lo que quiero llegar es aquello con lo que empecé el libro; para tener primero necesitas ser. Y si el ser te da satisfacción, el tener vendrá solo.

La verdadera definición de liderazgo

Hay que trabajar en la gente, no en las situaciones ni en sus organizaciones. En las grandes empresas lo saben y lo aplican en donde desarrollan a la gente desde la persona primero para que después esos líderes se preocupen por la gente a su cargo.

"Siembra un pensamiento, cosecha una acción; siembra una acción, cosecha un hábito; siembra un hábito, cosecha carácter; siembra carácter, cosecha un destino".
DR. ANIL KUMAR

La frase anterior explica el tipo de liderazgo más importante y el de tipo personal. Si no tomas acción de tu vida, nunca llegarás a ninguna de tus metas, es decir, para poder tener el destino que quieres, vas a tener que tomar las riendas de las decisiones que tomas a diario, pero como ya sabemos que esas decisiones no dependen al 100 % de tu mente consciente, tenemos que reprogramarte empezando por tus pensamientos.

En el capítulo seis hablamos de la perspectiva de cada quién y de cómo la forma en que ves el mundo genera tu mundo; entonces para cambiar tus pensamientos, tenemos que cuestionarlos, y la pregunta es: "¿esta creencia que tengo me sirve para lo que quiero?". Si la respuesta es negativa, la siguiente pregunta deberá ser: ¿cuál es la creencia que me puede llevar a la que quiero?

A través de preguntas introspectivas, te darás cuenta que la dona no sirve para nutrirte, por lo que cambiarás esa acción. Si las razones o creencias a las que llegas son lo suficientemente ciertas en tu mente, repetirás la acción tanto que se generará una disciplina y la disciplina, aparte de ayudarte en esos días que no te sientes tan motivada, te ayudará también a generar un hábito. El conjunto de hábitos que tienes generan tu identidad, tu carácter y estos a su vez generarán tu vida.

La verdadera definición de liderazgo se basa en la influencia que tienes, y como en este escalón estamos hablando de ti y de tu liderazgo personal, tenemos entonces que fijarnos en la influencia que tienes, que puedes tener y que debes tener sobre tu persona para poder decidir conscientemente sobre tu vida.

Descubrir tu verdadero potencial

En términos genéricos, tu potencial es ilimitado, porque si necesitas más conocimiento puedes aprender, si necesitas habilidades puedes generarlas y practicarlas, si necesitas relaciones puedes generarlas. Si necesitas hacer más o hacer diferente, lo puedes hacer, solo depende de que de verdad lo hagas.

Existe la creencia de que nacemos con ciertos talentos y a veces la gente no sabe cuáles son los talentos propios. En su libro *Outliers*, Malcom Gladwell explica y ejemplifica cómo el talento es producto de practicar más que los demás. En estudios de comportamiento humano han llegado a la conclusión que para llegar a la maestría de cualquier habilidad necesitas diez mil horas de práctica.

Las personas que ves como súper talentosas en cualquier actividad, no nacieron así; generaron ese talento con la práctica constante. Con lo que sí nacieron fue con una disposición o una obligación para repetidamente hacer la actividad en la cual tienen ese talento.

Al saber esto, te puedo decir sin lugar a dudas que tienes el potencial de generar talento en lo que tu decidas; la única limitante será que disfrutes generar ese talento o esa maestría. Si no te gusta tocar el piano diario no serás concertista; si no te gusta correr no serás maratonista; si no te gusta dibujar no serás diseñadora, etc.

En otras palabras, para generar un talento, una habilidad y una maestría, necesitas explorar qué disfrutas hacer, y lo que disfrutes hacer se convertirá en trabajo, en disciplina, en hábitos, pero también en dolor porque lo tienes que hacer. Pero volvemos al punto de encontrar ese dolor que no te molesta enfrentar por el placer de seguir mejorando.

Las decisiones que tomas todos los días definen tu vida

En el cuarto y último escalón llegamos a la conclusión de cómo tomas esas decisiones diarias, y ese es el punto no solo del curso sino de este libro. La búsqueda constante de esa gratificación inmediata no siempre es la mejor decisión; de hecho, por buscar felicidad embotellada te quitas la posibilidad de tener satisfacción, bienestar, tranquilidad, libertad y hasta salud a largo plazo.

El evitar el dolor en las decisiones tomadas a diario te va a traer dolor a largo plazo y el buscar en la "dona" esa felicidad inmediata te quitará felicidad a largo plazo.

La buena noticia es que los humanos estamos hechos para ir hacia arriba en caminos empinados y llenos de obstáculos. Somos felices cuando encontramos ese camino único de cada uno de nosotros y vemos cómo vamos progresando a través del mismo.

La píldora mágica es algo fácil que te trae la satisfacción esperada lo más rápido posible, ¿verdad? Te lo pregunto porque de eso he estado hablando y quiero que estemos en el mismo canal porque te voy a divulgar algo que te llevará a encontrar la píldora mágica para conseguir tus metas.

No es píldora, y tampoco es mágica pero así se siente cuando la encuentras: siempre cuento la historia de mi niñez en donde yo me consideraba un niño gordo, y esa era mi identidad. Busqué dietas y ejercicio sin contarle a mis padres ni a mis amigos porque me daba pena.

Me compraba ropa grande para ocultar la panza y trataba de nunca quitarme la camisa. Cuando descubrí el deporte me enganché primero porque era la vía para adelgazar, pero después lo empecé a disfrutar.

Empecé a disfrutar el deporte porque vi progreso. De niño iba a clases de natación y de Tae Kwon Do e, incluso, participé en competencias, pero era una clase más, solo una actividad a la cual me llevaban mis padres. Cuando en el deporte que escogí (triatlón fue el primero) empecé a ver que mejoraba en mis resultados, mi mentalidad cambió.

El cambio de mentalidad radica en la manera en cómo pasé de ver un día de entrenamiento como solo una actividad más a verlo como una oportunidad de mejorar. En vez de solo participar en el deporte empecé a entrenar dando lo mejor de mí en ese entrenamiento. Y cuando das lo mejor de ti en el entrenamiento, es más cansado y duele... Pero te gusta, disfrutas ese dolor.

La píldora mágica para mi problema de peso e inseguridad con mi cuerpo, fue encontrar placer en el dolor de entrenar. He pasado por muchos deportes y muchos gustos siempre utilizando la misma fórmula para la píldora, buscar en el dolor que te llevará a lograr, el placer y descubrir en el progreso paulatino y constante la pasión y la motivación.

Eso en mi caso específico, me ha llevado a muchísimas cumbres como montañista, competencias y hasta podios en triatlones, natación de aguas abiertas, CrossFit, maratones y Ironman.

Exploraciones en cuevas inundadas subterráneas, carreras de auto, una circunnavegación en barco de vela y hasta aprendí a manipular mi cuerpo con la comida y sentir placer en comer el número adecuado de calorías, no comer en un ayuno o restringir todo basado en ver el progreso de la meta en mente.

En el trabajo, en los negocios, en mis inversiones también me he dado cuenta que cuando el dolor y el sacrificio de la actividad diaria me gusta, es cuando el emprendimiento lo puedo llevar a un éxito determinado. Y muchos de mis fracasos están rodeados de no haber encontrado esa fórmula mágica, ese placer en el quehacer necesario para sacarlos adelante.

El placer en el dolor necesario es el primer ingrediente y tienes que entender que en todo lo que hagas en la vida va a haber una cierta incomodidad; la cosa está en encontrar la incomodidad que te guste para evitar el dolor a largo plazo.

El segundo ingrediente es la esperanza; cuando una persona tiene esperanza espera lo mejor de una situación tarde o temprano y entre más difícil se ponen las situaciones, más refuerzan su esperanza.

El tipo de esperanza que necesitas tener es de tipo personal, es aquella que te dice que tus esfuerzos tarde o temprano te van a traer frutos. No ves el progreso en ninguna actividad de manera inmediata. En muchos casos, no ves el progreso por meses o años. Es esa esperanza la que te va a mantener repitiendo la actividad hasta empezar a ver frutos.

Si vas al gimnasio nueve horas seguidas no verás ningún cambio, pero si vas al gimnasio una hora diaria va a llegar un día en que tu cuerpo, tu condición física y tu salud cambien para bien. Mientras ves el cambio, tienes que tener la esperanza de esperar ese cambio.

El tercer ingrediente es tener propósito. Es más fácil que una persona que sufrió un accidente vaya a terapia o al gimnasio todos los días porque su propósito es regresar a la normalidad. Un atleta de alto rendimiento tiene como propósito un podio, un tiempo, una habilidad, un resultado. Estos son propósitos personales, los más fuertes son aquellos en donde generas algo para los demás.

Un emprendedor que genera un producto o un servicio pensando en resolver un problema a mucha gente, es aquel que no sufre en vender o compite por precio porque la existencia de su producto tiene la misión de resolver problemas a terceros. Mientras ves cómo crece tu producto no solo te motiva ver los números o las ventas, sino a cuánta gente ayudas y cómo la puedes ayudar de mejor manera.

Imagina que tienes una amiga con problemas de salud por su sobrepeso y decides ayudarla convirtiéndote en su compañera de entrenamiento, el hacer ejercicio todos los días será más fácil para ti porque tienes como propósito ayudar a tu amiga.

Por eso, los compañeros de responsabilidad funcionan tan bien, Porque por ayudar o por no quedar mal con tu compañera, apareces todos los días en el gimnasio, en el trabajo, en la dieta y hasta con tu pareja.

El último ingrediente es cultura, y no hablo del lugar en donde vives o del idioma que hablas sino de los grupos a los cuales perteneces. Si quieres ser un atleta júntate con atletas, si quieres ser empresario júntate con empresarios, cocinera con cocineros, etc.

No importa el deporte, los mejores atletas para llegar a esos niveles siempre tienen que encontrar un buen equipo y las capacidades de dichos atletas crecen en promedio al promedio del equipo. Es por ello que los equipos profesionales buscan mejores y mejores atletas para elevar el promedio de todo el equipo.

Es por eso que los deportistas profesionales buscan participar con mejores equipos. No es fácil ser el mejor en un equipo regional y llegar a un equipo nacional y sentirte el más malo, peor es la única forma de crecer en tu deporte.

Si eres la persona que más sabe, la más capaz, la más rápida, o la que se considera la más inteligente en un ambiente de trabajo, de deporte, de aprendizaje o de lo que sea, estás en un lugar muy cómodo para ti y muy reconfortante, pero estás en un lugar donde no vas a crecer nada. Al contrario, en el estancamiento te vas a atrofiar.

Por eso, existen clubes donde se reúnen empresarios, o clubes de deporte, también por eso existen conferencias y simposios donde se reúne lo mejor de alguna industria para convivir, conectar y aprender de aquellos mejores que uno.

La cultura a la que sientes que perteneces se vuelve parte de tus valores, parte de quien eres y como respuesta actúas en torno a dichos valores.

La píldora mágica, al final, es conocerte, es desaprender aquello que ya no te sirve, es cuestionar tus creencias más fuertes, reaprender, acostumbrarte a la incomodidad de perseguir tus ideales, ver el progreso de los mismos y utilizarlos como combustible para tu motivación.

El placer de vivir, la felicidad, el sentido, la satisfacción, el verdadero éxito está en el día a día, no en un logro, no en un peso en la báscula, no en una cantidad en el banco, sino en el avance progresivo de la vida que para ti vale la pena vivir.

La última paradoja es la mediocridad. La píldora mágica es disfrutar la dona sin culpa ni reproche porque en el balance de tus decisiones diarias sabes que sigues progresando hacia la vida que quieres y cómo la quieres. La dona no es mala ni buena, simplemente es...

XIII LECCIONES FINALES

Este libro lo quise enfocar directamente en la búsqueda del camino fácil para llegar a encontrar desenlaces no tan fáciles. La realidad es que todo lo que vale la pena es cuesta arriba, empinado y lleno de obstáculos, es por ello que poca gente llega.

Hoy basamos el éxito en una idea generalizada en donde el dinero, las posesiones, la ropa, el coche, los viajes, tu cuerpo atlético y escultural, digamos todo aquello que puedes y quieres presumir en redes sociales, es la norma y es lo que todos buscamos.

Esa idea del éxito mantiene a la gran mayoría de la gente sin alcanzarlo y es por eso que durante todo el libro hablo de paradojas. Hay dos lados para cada moneda, para cada causa y para cada efecto. Lo mismo que te puede llevar a vivir esa vida que de verdad quieres, es lo mismo que te mantiene en el *statu quo* y dando vueltas teniendo los mismos resultados.

Lo más difícil de llegar al destino que buscas es saber cuál es ese destino que buscas y por qué. Si la meta es tener dinero, deberías preguntarte las razones por las cuales tienes esa meta. El dinero da libertad, mas no compra felicidad, el dinero paga una universidad de prestigio, mas no compra educación.

El dinero es una herramienta y una herramienta muy importante en nuestro mundo, pero si solo lo ves como el vehículo para sentirte exitosa y feliz o como la meta última, entonces dime: ¿cuánto dinero quieres?, ¿cuál es la cantidad que te haría sentir satisfecha?

Sin importar la cantidad que me digas seguro se puede terminar, te lo puedes gastar y se puede esfumar, así como llegó. Si lo que buscas es dinero para por fin comprarte el Ferrari, la casa en la playa o las bolsas de marca y conocer Europa, te lo vas a acabar.

Hay un dicho que dice así: "La persona que tiene los medios para comprarse la casa en la playa, es la persona que menos llega a disfrutar la casa", esto es porque para tener el dinero lo tienes que haber generado y al generarlo reconoces el valor de poseerlo y aprendes a conservarlo. Esto necesita de un tipo de persona y cuando te conviertes en ese tipo de persona, ya no te interesan las cosas banales y simples que vemos en las redes sociales.

Esto no implica que si eres ultra millonario no te compres la casa en la playa, el Ferrari y además tengas un chef y una entrenadora personal para tener el cuerpo que siempre quisiste. Lo que significa es que lo que te llena no es tener esas posesiones sino lo que creas con tus talentos y la manera en cómo le sirves a los demás.

El éxito según Earl Nightingale es la búsqueda progresiva de un ideal. Yo le he agregado a esta definición, la búsqueda progresiva de una vida que a tus ojos valga la pena vivir y cada quien su vida.

La razón es que mientras progreses hacia tus ideales, la motivación estará presente. Por más que encuentres en el camino muchos obstáculos y fracasos, cuando buscas tu vida ideal, el éxito es real y no generalizado, estás realmente en el camino que quieres estar y conforme avanzas hacia esa vida ideal seguramente irá cambiando, pero siempre en el camino que tu escojas.

No hay una píldora mágica porque la motivación, la felicidad, el bienestar, el significado, están en la búsqueda progresiva, ya que no hay una meta específica, un destino específico, un fin.

Por eso no puede haber una cantidad de dinero que te satisfaga, ni un peso en la báscula ni un príncipe o princesa azul, y menos un número específico de seguidores o *likes.*

El buscar vivir como quieras vivir es un juego infinito, donde el propósito del juego es que sea lo más gratificante posible a lo largo del mayor tiempo posible.

Las pastillas mágicas son solamente distractores que te dan una pequeña sensación de bienestar por cada vez menos tiempo. Los jueguitos del teléfono, los juegos de video, las donas, las redes sociales y las pastillitas felices en todas sus presentaciones.

Conclusiones por idea

Conciencia del ser

En la introducción conociste tu mente primitiva o ancestral, esa que está programada para un mundo muy diferente al que vivimos hoy en día. Un mundo de escasez, desabasto e inseguridad. Todo lo que tu mente hace está programado para sobrevivir, buscar placer y huirle al dolor. Hoy seguimos respondiendo a ese tipo de estímulos, es por eso que nos gustan tanto las donas, el no hacer nada y siempre estamos buscando el camino más fácil. Así como el placer inmediato.

La búsqueda del constante querer

Vives en un mundo de abundancia con todo lo que necesitas al alcance de tu mano, sin embargo, tienes una mente de escasez que te hace todo el tiempo querer, y quieres más todo el tiempo.

El constante querer es la píldora mágica para evitar lo que cuesta trabajo, como las manzanas en lo alto de los árboles o la dirección de los puntos en los experimentos de los que hablamos en este capítulo. Lo que de verdad deseas no está al alcance de la mano, y no será inmediato, pero encontrarás mayor satisfacción en obtenerlo.

La disonancia cognitiva es la diferencia entre cómo quieres actuar y cómo necesitas actuar; esto genera un conflicto mental y tu mente no consciente al ser más fuerte que tu mente consciente te tratará de convencer de comportarte en el camino de menor resistencia para generar ese balance entre comportamiento, creencia y facilidad.

Recuerda que lo de verdad vale la pena está hacia arriba, en un camino accidentado, lleno de obstáculos, y tu mente tratará de convencerte de tomar el camino fácil.

La búsqueda de la dona.

La mítica dona es la píldora mágica que cura todos tus males rápido. Sin importar cuál es tu píldora mágica favorita, puede ser comida, distracciones digitales, compras, apuestas, alcohol, Prozac, series de televisión, redes sociales, etc.; todas estas te dan una felicidad inmediata, simulada.

No es bienestar, no es satisfacción, no es felicidad; es dopamina y como cualquier estimulante, entre más lo consumes, mayor asistencia generas hacia el mismo.

De la misma manera, en el centro de recompensa del cerebro al sobreestimularlo con dopamina, este compensa generando lo opuesto que es dolor, y se refleja en todos los desórdenes mentales que cada vez se incrementan más alrededor del mundo.

La verdadera felicidad se encuentra en lo que haces todos los días, y lo que haces todos los días tiene que reflejar un progreso hacia metas, sueños, una vida que para ti valga la pena.

Tus dos personas

Todo lo que quieres de la vida es posible, pero al ponerte una meta futura, el realizarla depende de cómo te vas a sentir en el futuro. Es muy fácil darle tareas a otra persona, tu persona futura no es tu persona actual, es por ello que resulta tan fácil tomar decisiones difíciles y ponerles fecha futura.

El problema es que cuando la fecha futura llega, ya no es otra persona la que tiene que realizar la actividad o tarea difícil, ya eres tú, y tú no quieres realizar esas tareas difíciles, es por ello que optas por denegársela de nuevo a tu persona futura. Este es un círculo vicioso y la única persona que lo puede romper eres tú en el presente.

Aversión al Cambio

El cambio se percibe en la mente como un peligro; todo lo que se sale de lo normal, de lo acostumbrado, de lo cómodo y del promedio.

Si estás sentado en un parque y, de repente, percibes un ruido o un movimiento inesperado entre las plantas, tus sentidos se agudizan, tu corazón empieza a latir más fuerte, tu atención se enfoca; estás lista para brincar, pelear o correr. Hasta que ves un gato salir de entre los arbustos y te relajas, porque ya entiendes que ese cambio en el ambiente en que te encuentras no presenta ningún peligro inmediato para tu persona.

Los lentes con los que ves el mundo

Tu eres el conjunto de experiencias que has tenido desde el día que naciste hasta el día de hoy, incluyendo la lectura de este libro hasta este momento. Con todo y que eso es ya mucha información y es parte de lo que te hace tú, resulta que no es suficiente para describirte. No solo eres las experiencias sino la manera en cómo las percibiste o entendiste.

En diferentes estudios se ha comprobado que la misma experiencia en diferentes personas es percibida de manera diferente. No solo la historia que cuentan de la experiencia sino la memoria de la misma.

Ser social

Nunca vas a llegar a conseguir nada sola, nunca vas a disfrutar todo lo que logres sola, somos seres sociales, buscamos apoyo, reconocimiento y pertenencia a los grupos a los cuales queremos pertenecer.

Cambiamos quien somos por encajar en vez de buscar grupos donde simplemente pertenecemos. Por un lado, tus grupos te mantienen en ese *statu quo*. Y, por otro, no volteas a ver grupos que te podrían potenciar a ser más.

La gente no te juzga tan estrictamente como te juzgas tú, y la verdad es que lo que hagas o dejes de hacer, a nadie le importa, aunque todos tengan una opinión. Tu vida es tuya, deja de pedirle permiso a los juicios imaginarios de las personas a tu alrededor para vivirla.

Hábitos tuyos

Este es tu día a día, no vives en lo que has hecho en el pasado, tampoco vives en lo que vas a hacer, o lo que quieres lograr. Vives en el hoy, más certeramente en el ahora, en este momento.

La vida es una serie de momentos, brincas de uno al que sigue, y la mayor parte de esos momentos los vives en piloto automático, dirigidos y manejados por hábitos.

Todo el tiempo decides, todo el tiempo creas, pero la mayor parte del tiempo es de manera inconsciente. Tus hábitos se pueden cambiar, mejorar y hasta apilar; el primer paso es reconocerlos. Todo lo que quieres está al alcance de tus hábitos, piénsalo.

Las adicciones modernas

El tiempo se dice que es nuestro recurso más preciado, pero el que desgraciadamente desperdiciamos más. Todos pensamos que tenemos todo el tiempo del mundo hasta que nos damos cuenta que no es así, pero el tema de nuestra mortalidad es tan complicado para la mayoría que siempre pensamos que hay más tiempo, que hay otra vida, que hay una vida después de la vida, queriendo prolongar nuestra existencia, o simplemente negando inconscientemente que nos vamos a morir.

Cuando trabajas en algo que quieres y ves progreso, el tiempo pasa rápido, pero no tan rápido como cuando lo desperdicias, y la memoria de ese tiempo será completamente diferente. Recibiendo una mayor satisfacción en el tiempo que otorgas a generar resultados.

Busca un ideal de la persona que te gustaría ser y busca progresar hacia convertirte en ella. No lo desperdicies a propósito. Tu mayor recurso es la inversión de tiempo que le das a aquellos resultados que buscas en tu vida.

Todos nacemos con tiempo, invierte el tuyo en aquellas actividades que sabes que te van a traer un retorno sobre la inversión, ya sea en otros recursos como conocimiento, habilidades, capacidades, relaciones, dinero, salud, etc.

El hablar de vivir tu vida intensamente no significa lleno de placeres superfluos, inmediatos y con adicción a la dopamina. Ese no será el mayor retorno sobre tu inversión, porque llegarás al día final llena de arrepentimientos y cosas por hacer que nunca se hicieron.

Huirle al dolor

En la manera en cómo respondemos de manera automática al evitar el dolor, en ocasiones generamos más dolor; esto se traduce en procrastinar y el procrastinar genera ansiedad.

Los humanos para evitar el dolor de saber que somos capaces de más, nos conformamos con menos para estar cómodos, nos creamos historias que justifican el nivel en donde nos quedamos, buscando culpa en todo menos en nosotros mismos.

Evitar el dolor de trabajar por un ideal por lo regular se transforma en un dolor incluso más fuerte con el tiempo. El evitar el dolor de ejercitarte y comer balanceado se traducirá en enfermedad con el tiempo. El evitar el dolor hoy muchas veces se convertirá en un dolor mucho más grande en el futuro.

Sí, sí es tu culpa

Si te satisface sembrar, el poder cosechar lo que quieras vendrá por sí solo. Las personas buscamos refugio en distracciones que nos dan placer inmediato, este placer es tan corto que una vez que lo recibimos ya queremos otra dosis.

Estar distraído solo consume tu tiempo y tu atención, no trae ninguna recompensa a largo plazo. Como humanos dependemos de hacer las cosas que no queremos hacer en este momento para llegar a tener las cosas que de verdad deseamos.

El capítulo de las drogas modernas es mi manera de enseñarte que vives distraída, no estás sola, las distracciones son enormes y cada vez más fáciles, es por ello que les llamo adicciones modernas. Y no, no las vas a dejar porque son una gran manera de entretenimiento, pero el generar conciencia de las mismas limitará el tiempo que desperdicies distraída de lo que de verdad vale la pena que es tu vida

Estás programada para aceptar el placer de las cosas de inmediato, también estás programada para evitar todo aquello que genera trabajo o dolor buscando una comodidad o estabilidad que solo vive en tu mente. Tienes una herramienta de supervivencia que te mantiene en esa estabilidad pero, a la vez, te mantiene estancado.

¿Te sorprende ahora que la gente busque soluciones mágicas a sus problemas? Las soluciones mágicas no existen, todo lo que quieras lograr lleva un proceso y un trabajo. Aunque en la sociedad actual nos quieran convencer de que existen productos y servicios que traen soluciones mágicas, la mayor parte del tiempo solo traen distracciones que alimentan, por un lado, nuestra necesidad de dopamina y, por el otro, a la resistencia.

Para cambiar los resultados que estás obteniendo actualmente en cualquier ámbito de tu vida, algo tienes que cambiar en tus acciones diarias. La resistencia le tiene miedo al cambio, por ende, siempre que trates de hacer un cambio en tu vida esta se presentará.

Existen modelos, los cuales de seguirlos, puedes acortar cualquier proceso. También hay personas que ya pasaron por los problemas o retos que estás enfrentando, personas que ya fallaron y volvieron a fallar y se puede aprender de sus errores y aciertos.

La píldora mágica

En mi experiencia, y en todo lo investigado para poder escribir este libro, he llegado a la conclusión que sí existe una pastilla mágica que da placer, motiva, satisface y da sentido a tu vida. Y evita el dolor, pero el dolor a largo plazo porque no es fácil obligar tu cuerpo y tu mente a dejar atrás las prácticas hedónicas. Solo cuando te das cuenta que de verdad esa búsqueda constante del jugar, comer, beber y tener cosas materiales no satisface a largo plazo.

Pero como todo lo escrito aquí, es sumamente paradójico porque las personas que se dan cuenta de esto son aquellas que lo experimentan en exceso y lo concluyen por sí solas, el mejor ejemplo que te puedo poner es aquello que dijo Jim Carrey: "Creo que todo el mundo debería de volverse rico y famoso y poder hacer todo aquello que siempre ha soñado, para que vean que esa no es la respuesta".

Las personas que tienen carencias o sienten que tienen carencias, lo único que quieren es todo aquello que no está a su alcance y se pierden en la búsqueda del placer en vez de la búsqueda de una vida valiosa.

Dan Denett lo dijo así: "El secreto de la felicidad es: Encuentra algo más importante que tú, y dedícale tu vida". Esta es una de las características más extraordinarias de los humanos y una que es única para nuestra especie. Cuando a veces dejas de lado tus necesidades biológicas para una búsqueda de ideas que importan, esa búsqueda se convierte en la clave para una vida llena de sentido y satisfacción.

Y si estás pensando que ya me fui otra vez mucho a lo filosófico, te lo pongo en términos prácticos:

Cuando trabajas por dinero, no llegas a la riqueza.

Cuando te pones a dieta por estética, no llegas a estar contenta con tu cuerpo a largo plazo.

Cuando buscas fama solo por la fama, no llegas a ser famosa.

Cuando buscas encajar en un grupo cambiando tu identidad para encajar, nunca vas a pertenecer.

La píldora mágica está en buscar cuál es ese dolor que vas a disfrutar por el sentido que este dolor le trae a tu vida. Un matrimonio no es fácil, no existe el vivieron felices por siempre. Te vas a pelear, vas a discutir; el secreto de un matrimonio estable y exitoso es encontrar a esa persona con la que puedas pelear y discutir sin dejarla de amar.

Los ingredientes a lo que llegué son:

Encuentra el dolor que te guste
Déjate motivar por el progreso
Ten esperanza en el resultado de tus esfuerzos
Busca el propósito de lo que haces

Pertenece a una cultura que alimente lo que haces

Genera un bien para los demás

No hay un camino fácil, no hay una pastilla mágica. En todos los niveles, los logros vienen seguidos de mucho trabajo, mucha pasión y la búsqueda progresiva de un ideal.

ÍNDICE

Made in the USA
Columbia, SC
26 November 2023

26738637R00133